煤炭城市地-矿冲突分析及其调控研究

蒋冬梅　李效顺　著

科学出版社

北京

内 容 简 介

随着新型城镇化、工业化进程的加速推进，煤炭城市资源开采强度过大、土地损毁过于严重、地-矿冲突日益加剧等成为区域可持续发展研究的重要理论问题和现实难题。为化解煤炭城市地-矿矛盾冲突，本书应用"特征分析-作用机理-调控对象"分析框架，在把握地-矿冲突特征及动因基础上，构建改进的 C-D 生产函数（柯布-道格拉斯生产函数），揭示煤炭城市经济发展与地-矿等要素之间的演化规律，进而运用库兹涅茨（Kuznets）曲线、系统动力学方法、空间均衡原理及"3S"（RS、GNSS、GIS）技术，分别从宏观需求、中观供给、微观管制调控三个层次重点研究地-矿冲突的调控路径。

本书可供普通高等院校土地资源管理专业的本科生、硕士研究生、博士研究生及相关研究人员阅读与参考。

审图号：鲁 SG（2019）039 号

图书在版编目（CIP）数据

煤炭城市地-矿冲突分析及其调控研究 / 蒋冬梅，李效顺著. —北京：科学出版社，2019.6

ISBN 978-7-03-061735-4

Ⅰ.①煤… Ⅱ.①蒋… ②李… Ⅲ.①煤炭工业－工业城市－可持续发展－研究－中国 Ⅳ.①F299.2

中国版本图书馆 CIP 数据核字（2019）第 122577 号

责任编辑：周 丹 沈 旭 黄 梅 石宏杰 / 责任校对：杨聪敏
责任印制：师艳茹 / 封面设计：许 瑞

科 学 出 版 社 出版
北京东黄城根北街 16 号
邮政编码：100717
http://www.sciencep.com

天津市新科印刷有限公司印刷
科学出版社发行 各地新华书店经销
*

2019 年 6 月第 一 版 开本：720 × 1000 1/16
2019 年 6 月第一次印刷 印张：11 1/4
字数：227 000

定价：99.00 元
（如有印装质量问题，我社负责调换）

作者简介

　　蒋冬梅，女，1984 年生，博士，助理研究员，硕导，2016 年 6 月毕业于中国矿业大学土地资源管理专业，同年留校工作。

　　主要从事国土空间规划与矿地统筹、城镇发展与管理等方面研究，曾主持或参与多项国家级、省部级科研项目，发表 SCI、EI、CSSCI 收录的学术论文 10 余篇。

　　李效顺，男，1983 年生，教授、博导，中国矿业大学学术委员会委员，土地管理系主任，江苏省资源环境信息工程重点实验室副主任，江苏省土地学会常务理事，中国土地学会青年工作委员会副主任委员、经济和生态分会委员，中国自然资源学会土地专业委员会委员。

　　主要从事城镇化与国土空间规划和资源环境经济与政策等方面研究工作。主持国家自然科学基金、江苏省社会科学基金重点项目和中国博士后特别资助基金等项目 15 项，参与完成欧盟项目、中国-荷兰科学战略联盟"973"项目等 20 余项，发表学术论著 80 余篇（部），获发明专利和软件著作权近 10 项，荣获"钱学森城市土地问题研究优秀奖""中国农村发展研究奖""国土资源科学技术奖"等奖和"中国高校十佳青年土地学家""江苏省六大人才高峰高层次人才"等称号 10 余项（次）。

前　言

长期以来，土地资源、煤炭资源一直是中国工业化、城镇建设的空间载体和廉价动力，煤炭城市作为两种资源的富集地和叠加区，为中国建立完整的工业体系、促进国民经济发展做出了历史性贡献。然而，煤炭城市资源开采强度过大、土地损毁过高、地-矿冲突不断恶化等成为可持续发展研究的重要理论问题和现实难题。因此，本书在把握地-矿冲突特征及成因的基础上，构建改进的 C-D 生产函数，揭示煤炭城市经济发展与地-矿等要素之间的规律，进而运用 Kúznets 曲线、系统动力学方法、空间均衡原理及"3S"技术，分别从宏观需求、中观供给、微观管制调控三个层次重点研究地-矿冲突机理与调控路径。

地-矿冲突是煤炭城市转型的重大难题，严重制约着区域可持续发展。煤炭城市地-矿冲突成为社会关注焦点、学者研究热点和政策调控难点，但国内外关于地-矿冲突方面的研究专著却很少。鉴于此，本书按照"现状诊断—成因解析—计量分析—仿真模拟—调控对策"的逻辑思路，主要开展四个方面的研究，拟在深入诊断煤炭城市地-矿冲突基本现状、关键成因的基础上，首先把握城镇发展与土地利用和煤炭开发的一般规律及主要特征，进而通过构建计量模型，从宏观需求层面定量表达煤炭消费调控拐点和顶点；然后，通过构建系统动力学模型仿真并多情景模拟煤炭开采利用、城市土地扩张、矿区土地承载力与生态演变的趋势；最后，基于效用价值空间均衡原理和 GIS 分析方法，定量划定煤炭城市立体空间优化调控边界和管控分区，研究结果能够为化解煤炭城市地-矿冲突提供空间调控定量参考和决策依据。

本书得以付梓，一要感恩卞正富、曲福田、严金明、吴克宁、诸培新等恩师及汪云甲、李钢、张绍良、陈龙乾、汪应宏、董霁红、李永锋、雷少刚、高井祥、冯启言、邱慎耕、李长贵、张安录、冯淑怡、吴次芳、王占歧、刘彦随、胡振琪等教授的指导和帮助。二要感激国家科技基础性工作专项（西部重点煤矿区土地退化因素调查，2014FY110800）、国家自然科学基金（71704177、71874192）和江苏省社会科学基金重点项目（15WYA002）等科研项目为作者深入调研、深化研究和提升本书质量发挥了难以替代的作用。三要感谢王月香、张川、魏旭晨、倪衡、邱哲宁、汤傲、陈鑫、郎文婧、鹿瑶、张琦、王状、宋姝妍、李帆、夏嘉南、黄翌、闫中亚、邵倩倩、赵峰等同学在项目开展和本书成稿过程中的研究支持。

　　由于作者水平有限，本书可能存有不妥与疏漏之处，恳请读者予以批评指正。

蒋冬梅

2019 年 1 月 12 日

目　　录

第1章　煤炭城市地-矿冲突研究背景及内容

1.1　研究背景

长期以来,土地资源、煤炭资源分别作为中国城市社会经济发展的空间载体和廉价动力,在国民经济发展过程中具有举足轻重的作用。如图 1-1 所示,1990～2013 年,中国居民点及工矿用地增长率、煤炭消费量增长率与人均 GDP 增长率变化趋势较为一致,进一步证明中国社会经济发展对土地资源、煤炭资源具有较高的依赖性。

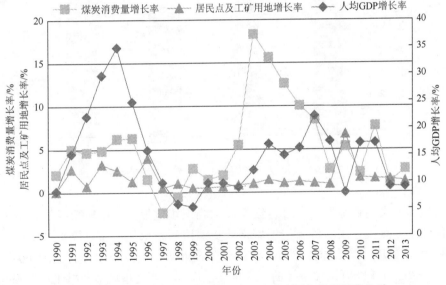

图 1-1　1990～2013 年中国经济发展、土地利用与煤炭消费关系

就城镇发展与土地利用而言,中国的实践多次证明,物质资本、劳动力等要素投入需要土地要素提供承载功能,而技术、非物质资本等要素虽无需土地要素直接支撑,但仍然需要土地提供空间载体,即间接需要土地要素支撑,因此经济的高速发展引起中国城市土地面积由 2001 年的 24026.6km^2 增长到 2013 年的 47855.3km^2,年均增速为 5.91%,短短 13 年内翻了近一番,而中国特殊的土地财政政策又会进一步强化土地要素在地方经济增长过程中的不可替代性。由此可见,土地资源为我国经济发展提供了重要空间载体、地方财政来源和经济发展动力。

就城镇发展与煤炭开发而言，首先，煤炭一直是全球重要的基础能源之一，在能源结构中占比长期处于30%以上，煤炭更是中国重要的主体能源和工业原料，长期以来一直占我国能源生产和消费总量的65%以上[1]；其次，伴随城镇建设飞速发展，中国煤炭年产量从2000年的10亿t增至2014年的近40亿t，在短短15年内翻了近两番，煤炭产量以每年近2亿t的速度增加，支撑经济高速增长；最后，煤炭资源型城市作为煤炭资源富集地，1949年以来累计生产原煤529亿t，占全国煤炭总产量的90%（图1-2），为我国建立完整的工业体系、促进国民经济发展做出了历史性贡献①。

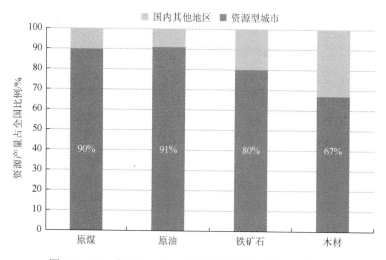

图1-2　1949年以来我国资源型城市资源产量占全国比例

然而，煤炭资源型城市可持续发展面临严峻挑战，加快转变经济发展方式的任务十分艰巨，煤炭资源枯竭城市历史遗留问题依然严重，煤炭城市尚有近7000万m²棚户区需要改造，约14万hm²沉陷区需要治理，失业矿工人数达60多万，低保人数超过180万，10亿t的"三下"压煤（一般是指城市和村庄、道路和水体下的煤炭）开采埋下的安全隐患难以估计。与此同时，煤炭资源富集地区新矛盾不断涌现，可持续发展压力较大，部分地区开采强度过大，资源综合利用水平低，生态环境破坏严重，新的地质灾害隐患不断出现，高耗能、高污染、高排放项目低水平重复建设，接续替代产业发展滞后。资源开发、征地拆迁等引发的利益分配矛盾较多，维稳压力大。资源开发与城镇建设、经济社会发展、生态环境保护之间不平衡、不协调的矛盾突出①。将研究焦点集中到煤炭城市地-矿资源开

---

① 资料来源：《全国资源型城市可持续发展规划（2013—2020年）》。

发利用上，发现我国煤炭城市经济快速发展过程中的地-矿冲突态势不断恶化，并呈现"三加"（不断加大、不断加快、不断加剧）特征。

首先，地上城镇建设压覆煤炭资源"不断加大"。据《中国能源报》报道，伴随城镇化建设迅速推进，我国现有"三下"压煤储量达 500 亿 t，主要分布在东中部矿区，多数东部矿井"三下"压煤已普遍超出可采储量的 50%[2, 3]。截至 2012 年，山东、安徽两省被城镇化建设压覆的煤炭资源分别为 42.7 亿 t 和 60.6 亿 t，山东已探明煤炭可采储量的 70% 为"三下"压煤，安徽两淮矿区被压覆资源总量占储量的 70%，河南生产及在建煤矿所属储量中 30%～40% 被压覆，河北某煤炭企业压覆煤炭量占储量的 77%[4, 5]。

其次，地下煤炭开采损毁土地资源"不断加快"。统计结果显示，煤炭开采导致的大面积塌陷达 180 余处，累计破坏土地面积 $1.15 \times 10^5 hm^2$，并且以 $200 hm^2$ 的速度逐年递增；截至 2013 年，我国煤矿开采导致的地表塌陷所带来的经济损失已经远超过 500 亿元[6, 7]，早在 2002 年一年内我国就新增 3 万 hm^2 采空塌陷区面积，所造成的直接经济损失达 20 亿元。另有研究测算 1987～2020 年煤炭生产损毁土地 $1.8 \times 10^6 hm^2$，待复垦土地面积为 $1.41 \times 10^6 hm^2$[8-10]，同时煤炭开采损毁土地带来的负面生态效应难以估计[11, 12]。

最后，煤炭城市地-矿冲突社会矛盾"不断加剧"。地下采煤造成地表塌陷，如采煤大省山西已形成近 $5000 km^2$ 的沉陷区，涉及受灾人口超过 300 万。并且全国烟尘排放量的 70%、二氧化硫的 90%、二氧化碳的 70% 均来自煤炭燃烧[13, 14]，严重威胁居民的身体健康。另外，建设压覆大量煤炭资源问题必将降低企业利润和服务年限，如山东某矿设计服务年限缩短了 55.7 年，安徽某矿井设计服务年限缩短了 23 年，并且地方政府和煤炭企业每年都要投入大量资金对压覆区居民、塌陷地分别进行补偿和综合整治复垦[15, 16]，让政府和企业背上了严重的经济包袱，不断激化煤炭城市社会矛盾。

由此可见，煤炭城市以"三加"为主要特征的城镇建设、资源开采与土地利用之间的冲突迅速升级并呈现恶化态势，尤其伴随工业化、城镇化进程不断加快，建设项目用地压覆煤炭资源的现象呈逐年增加趋势，并成为区域城市转型和可持续发展急需破解的现实难题和理论命题。鉴于此，本书在正确分析煤炭城市地-矿冲突现状的基础上，揭示地-矿资源与城市经济发展规律，并构建其系统、协同发展模型，分别从宏观需求、中观供给和微观管制调控三个层面化解地-矿冲突，从而为煤炭城市协同发展提供科学支撑。

本书依托江苏省老工业基地资源利用与生态修复协同创新中心，紧扣国家科技基础性工作专项（西部重点煤矿区土地退化因素调查，2014FY110800）及国家自然科学基金项目（基于系统耦合的煤炭城市矿地冲突调控研究，71704177；基于力学视角的中心城市扩张惯性模拟与调控，71874192），在实证分析区域选择时，考虑中国区域差异性、研究可行性和资料可获得性，宏观需求分析区域主要选择全国及各省、市（区）作为研究对象，中观供给分析区域主要选择东部地区徐州市、中部地区大同市、西部地区乌海市和东北部地区抚顺市等典型煤炭城市，微观管制调控分析区域主要选择济宁市和徐州市沛县资源压覆区。

地-矿冲突问题一直是资源型城市经济发展矛盾焦点和政策调控难点，尤其伴随东部资源城市转型升级日趋加快和煤炭开发重心不断向可耕地资源少、水资源稀缺、土地承载力低、生态环境脆弱的西部转移，煤炭城市地-矿冲突日益加剧。因此，对城镇发展过程中地-矿冲突开展研究具有较高的理论价值和现实指导意义。首先，通过对地-矿冲突现状、类型及其认知调研，结合地-矿冲突驱动机制分析，有助于把握煤炭城市空间扩张、煤炭开采沉陷对土地损伤的过程，了解地-矿利益主体的感知，能够为资源城市地-矿协同发展调控提供现实依据；其次，通过构建计量模型估计地-矿资源与经济发展之间的定量关系，揭示土地资源、煤炭资源对经济发展的影响规律及贡献，能够为高效配置两种资源提供决策参考；最后，通过定量表达资源消费需求极值和系统仿真煤炭城市空间扩张、矿区土地承载力与生态损毁趋势及划定煤炭城市立体空间优化调控边界，可从地-矿协同视角为减缓煤炭城市地-矿冲突和实现区域可持续发展提供科学依据。

总体概括本书研究意义有三：其一，在理论上，能够为煤炭城市地-矿协同发展提供理论支撑；其二，在方法上，能够为煤炭城市协同发展和地-矿统筹提供创新思路和计量工具；其三，在实践上，能够为煤炭城市立体空间发展模式选择和调控政策设计提供决策依据。

1.2 国内外相关研究进展

基于本书的研究重点，以下主要从经济发展与煤炭开发、地-矿冲突及其调控、资源型城市经济转型、资源型城市可持续发展和土地利用等方面总结国内外研究情况。

1.2.1 经济发展与煤炭开发研究

近些年来，关于经济发展与煤炭开采利用的研究主要集中在煤炭生产的峰值问题、煤炭消费与经济发展关系判断问题和煤炭需求的预测问题三个方面。

（1）针对煤炭生产的峰值问题。国外主要依据资源储量、技术水平等来预测煤炭生产峰值，而国内研究主要是根据煤炭需求与经济发展的关系来预测煤炭需求拐点。例如，Hubbert 和 Laherrere 采用钟形曲线模型预测世界煤炭的未来产量，得到全球煤炭产生峰值的时间分别在 2100～2200 年和 2050 年[17, 18]；Mohr 等利用

Hubbert 线性化模型预测 2100 年内的煤炭产量,在得到全球能源产量于 2011～2047 年达到峰值的基础上,进而得到全球煤炭产量的峰值时间在 2010～2048 年[19];Hook 等利用 Logistic 曲线模型对全球煤炭产量进行了预测,得到世界煤炭产量峰值将会出现在 2020～2050 年的结论,美国 2009 年的煤炭产量持续在 1400Mt,若不限制开采数量,预计到 21 世纪末即 2100 年煤炭产量将会达到 2500Mt 的峰值,并且表示中国煤炭产量峰值可能是世界煤炭产量峰值的决定因素[20];Patzek 和 Croft 使用多循环 Hubbert 模型得到全球煤炭生产峰值会在 2011 年出现[21]。郑欢采用 Logistic 曲线模型预测了中国煤炭产量将在 2018 年左右达到峰值[22];方行明等利用能源的 Kúznets 曲线对煤炭需求增长极限进行了研究,表明中国煤炭需求与经济增长之间存在 Kúznets 特征,煤炭需求的理论拐点在 2040 年左右,并得到在制约因素影响下中国煤炭需求量和产量实际已经达到增长极限的结论[23];殷腾飞和王立杰在分析 4 个典型国家(美国、英国、德国、法国)煤炭产业的生命周期发展规律的基础上,运用皮尔生长曲线模型对我国煤炭产业生命周期进行拟合分析,预判我国煤炭产业生命周期阶段及峰值[24]。

　　(2)对于煤炭消费与经济发展关系判断问题。相关研究表明煤炭消费是拉动经济增长的一个重要原因。例如,李金克等采用协整分析、格兰杰因果关系检验法,对世界主要煤炭消费国的煤炭消费与经济增长的关系进行了实证研究,结果表明俄罗斯存在由煤炭消费到经济增长的单向因果关系,而中国、日本和南非则存在由经济增长到煤炭消费的单向因果关系[25];Li J 和 Li Z 以中国和印度为例进行格兰杰因果关系检验,证明经济增长是煤炭消费的格兰杰原因[26];Yildirim 等以美国为例分析了煤炭消费与工业生产的关系,发现其因时间变化而产生正、负相关,且煤炭成本会影响二者关系[27];Apergis 和 Payne 基于多元面板的分析框架,并运用协整分析方法,研究了 1980～2005 年 25 个经济合作与发展组织(Organisation for Economic Co-operation and Development,OECD)国家的煤炭消费与经济增长间的关系[28];Menegaki 在分析 1994～2013 年研究 GDP 增长和能源消费关系的文献后认为,研究能源消费和 GDP 的长期弹性,不仅是通过对 GDP 和能源消费建立协整方程进行分析,还有一些诸如价格水平和资本这样的因素也应该进入协整方程中[29]。

　　(3)关于煤炭需求的预测问题。这方面研究多采用自回归模型进行煤炭需求量预测。例如,Chavez 等选取阿斯图里亚斯 1980～1996 年的月度数据,采用差分整合移动平均自回归模型(autoregressive integrated moving average model,ARIMA 模型)对其煤炭需求量进行了预测[30];Kulshreshtha 和 Parikh 采用多变量协整变量自回归模型预测了印度未来的煤炭消费量,结果发现印度煤炭需求的增长比例大于经济增长的比例[31];王研和李京文运用能源消费弹性系数法对中国煤炭消费量进行了预测[32];Hao 等拟合环境库兹涅茨曲线(environment Kúznets cure,

EKC)预测 2020 年中国的煤炭消费量[33]。徐国政基于当前我国煤炭供需状况与发展趋势,结合"十三五"规划,在我国节能减排的碳约束下,对我国 2020 年煤炭供需情况进行了预测与分析[34]。Kumar 和 Jain 运用灰色滚动机制模型对中国煤炭需求量进行了预测,通过预测得到的煤炭需求平均绝对百分比误差为 3.5%,煤炭消费预测准确度为 97.9%[35]。鞠金艳等则利用 BP(back propagation)神经网络的非线性映射能力,分别对趋势量和波动量进行预测,基于经验模态分解的煤炭消费量组合预测模型,拟合值的平均误差为 2.18%,预测值的平均误差为 1.24%[36]。

1.2.2　地-矿冲突及其调控研究

伴随城镇化进程不断加快,矿区尤其是煤炭城市土地利用与煤矿开发的矛盾难以协调[37],地-矿冲突问题日趋严重,矿产开采过程直接造成土地损毁、生态破坏、水和空气污染等一系列环境问题[38-41],间接损坏房屋、道路等设施,造成农民失地,同时部分矿区管理混乱、安全性差,引发了一系列社会问题[41-44]。针对以上矛盾和冲突,国内外学者对地-矿冲突的认知及调控研究侧重点略有不同。

国内对地-矿冲突的认知更多关注矿产开采利用后造成的影响,调控侧重在后期对损毁土地复垦与治理和定性讨论采矿过程中的地-矿统筹发展思路。白中科和朱荫湄、卞正富、Zhou 和 Wang 认为改善矿区环境,必须采取一定的土地复垦、生态重建措施[45-47]。韩武波等通过研究露天矿用地特征和露天矿用地演化过程的四阶段(原地貌地类、建设用地、复垦土地和农用地),探索建立露天矿用地的合理制度,发现以租地制度来管理露天矿用地,有利于合理开发与利用土地[48]。袁祖怀和周敏在分析煤炭城市存在的市矿问题的基础上,以淮南市为例提出市矿协同发展存在经济、社会、环境、管理四个子系统,并通过政府与煤炭企业的博弈分析,认为系统构建需要资源开发利用同城市可持续发展相结合[41]。而耿海清等则以淮南市潘谢矿区为例,对市矿统筹概念、形成机理及其理论和实践意义进行了解析,提出煤炭资源富集区市矿统筹的内容主要包括:①统筹资源释放与搬迁安置;②统筹搬迁安置与城镇化发展;③统筹资源开发与产业结构调整;④统筹区域生态整治与空间结构优化。针对以上内容分析了市矿统筹的制约因素,认为坚持规划先行原则、建立并规范矿区生态补偿机制等措施有利于市矿统筹发展[49]。陈小芳和邓福康针对宿州市城矿乡一体化发展过程表现出的城乡矛盾、城矿乡之间的冲突,即部分城市地域压矿、矿产资源开采减少城镇可利用空间等问题,提出宿州城矿乡一体化发展应合理规划统筹考虑[50]。很多研究者也一致认为应该从规划角度,加强矿产资源规划管理,并与其他相关规划相协调[51-55]。李钢认为矿地矛盾突出,矿地统筹发展不仅需要矿地系统内部协同,更需要通过统筹实现矿地双方的共同发展,矿地统筹内涵应包括矿政和地政统筹管理、矿地资源统筹利用及城矿乡统筹发展三个方面，并提出了矿地统筹发展的关键技术体系及统筹发展应加强的方向[37]。

国外地-矿冲突研究较多关注矿产开采前地-矿利用综合规划选择，并从可持续性出发，通过不同利用方式的对比最终确定合理资源利用方式，从而达到化解预防地-矿利用冲突的目的[55-60]。Popović 等和 Barkemeyer 等在分析了煤炭开采对土地可持续利用影响基础上，提出矿山企业、政府、社区和公众应重点关注采矿对土地的扰动、矿山废弃物管理和土地复垦、采矿权转让使用费等方面，特别是政府应该对采矿活动的相关利益者建立完善的立法框架，加强矿山土地的社会管理责任和再利用[61, 62]。Craynon 等认为美国的煤炭开采监管和许可往往集中在几个主要的环境参数对社会、经济和环境整体系统可持续发展的阻碍方面，为达到煤炭开采总体上可持续发展的目的，建议综合考虑社会、经济、环境三个方面的因素，采用系统工程方法优化矿山设计，提出运用 GIS 技术来识别区域中的各种资源（煤炭、水、基础设施）冲突情况，从而更好地做好规划，避免煤炭开采过程中的各种冲突，并以美国 Appalachia 露天煤矿为例进行了验证[63]。Sandstrom 等则提出通过相关利益者的参与式管理解决冲突，并运用"3S"技术监测分析了瑞士的土地利用活动[64]。Wawryk 研究了澳大利亚南部阿卡鲁拉保护区一直以来的地-矿冲突及解决方式，通过对矿区和保护区的探索和批判分析，讨论了矿区开采和保护区土地利用存在的挑战性及法律复杂性，现存的法律制度分析表明保护过程具有明显层次性，具有高保护价值的公共土地在顶部而私人土地在底部，因此，为更好地保护采矿涉及的私人土地，提出增加采矿用地压力，在阿卡鲁拉保护区地-矿冲突区建立保护区新体系[58]。Doole 和 White 通过建立离散分布优化控制模型，并拓展运用霍特林法则，研究了澳大利亚西部采矿及其不同类型土地环境修复的调控优化策略，认为固定的时间和空间上的税收足以激励公司恢复损坏的土地[65]。Hartje 在其研究中指出大部分国家或地区的采矿者与资源所有者在签订合同的同时也规定了采矿过程及之后应尽的责任和义务，通常包括限制环境破坏、土地或水资源选择利用的可持续性、生态低风险等，但却存在一个潜在的资金支持问题，并以美国和德国的实践为例进行了实证分析，认为财政保证是矿产开发后生态环境恢复治理的重要而有效的策略[66]。

1.2.3　资源型城市经济转型研究

从 20 世纪 90 年代开始，随着资源型城市生态环境恶化、资源利用过度、城市发展差距拉大等问题的出现，一些学者注意到资源型城市产业结构单一的不利影响，提出产业结构多元化是资源型城市发展的必然选择，发展资源深加工、发展非资源主导产业、发展第三产业是产业结构调整的主要方向[67-69]。伴随着资源枯竭型城市的出现,对资源型城市产业结构的研究很快转移到对资源型城市经济转型的研究,研究主要集中在资源转型面临的问题、转型效果分析、转型模式等方面。曹兰芳、张军红和徐长玉认为发展循环经济、培育新的经济增长点等是缓解资源约束矛盾的主要出路[70, 71]。董锁成等通过分析资源型城市转型面临的社会、经济和资源环境问题,提出资源型城市的经济成功转型需要战略创新[72]。张团结等结合资源型城市产业转型需要解决的关键问题和新兴产业发展的关键指标,选取了替代产业发展的资源自有率、替代产业带动当地失业劳动力就业率、替代产业的资本投资利润率和环境污染的治理成本四因素,建立起了替代产业在资源型城市发展的产业契合度模型,来评价资源型城市产业转型的效果[73]。吴雨霏以山东枣庄市、河南焦作市和甘肃白银市为例,分析了产业链延伸模式、新型产业植入模式和新主导产业扶植模式三种资源型城市转型模式[74]。樊涛、霍海鹰等、李汝资等从城市空间结构与城市经济、社会、环境相互影响的角度出发,对城市转型特征进行评价并提出资源型城市转型期注重空间结构重构,植入协同发展的创新理念[75-77]。雷蕾在研究资源枯竭型城市转型可行模式基础上,以国家首批确定的资源枯竭型城市甘肃省白银市为例,分析"白银模式"推进其城市转型的经验与启示[78]。曹建忠和汪海凤运用坏产出动态松弛变量测度(slacks based measure,SBM)共同边界模型对2005~2012年中国不同类型资源型城市的转型效率进行了测算,结果表明不同类型的资源型城市应采取不同的手段提高转型效率,有针对性地选择完善城市基础条件或改善资源配置水平的措施[79]。

国外对资源型城市(包括社区/城镇)的研究较早,最早可以追溯到20世纪30年代加拿大地理学家英尼斯(Innis)对资源型城镇的开创性研究[80],之后一系列研究不断涌现,理论研究较为丰富[81-89]。随着20世纪80年代资源经济逐步出现的技术密集和资本密集的特征,资源型城镇的转型研究开始成为国外研究重要方向之一。Ross和Vsher指出很多资源型社区正在展开新的、根本性的调整,以求在资源型产业和非资源型产业之间达到平衡,实现持续的发展[90]。同时,资源型产业的转型和升级也越来越受到重视[91-95]。Randall和Ironside以加拿大220个资源型社区为案例,对资源型城镇的劳动力市场和社区的资源依赖特性进行了研究,改变了传统理论中资源型社区劳动力与经济结构相对单一等基础认识[96]。针对全球化、技术革命影响下的资源型产业新的特征和影响趋势,有学者还开展了新大宗商品经济的研究[97, 98]。经济转型中的产业发展思路、劳动力市场变化,以及转型发展策略等资源型城镇转型发展中的关键问题也是众学者的重点研究对象之一[99, 100]。总结国外资源型城市转型研究,主要有三种转型类型和做法,即德国鲁尔区的"转型型"范例、美国匹兹堡"复兴型"范例和法国洛林地区的"告别型"范例[91,101]。

1.2.4 资源型城市可持续发展研究

20 世纪末期可持续发展理论逐渐形成和完善，21 世纪以来可持续发展成为资源型城市研究的主要方向，众学者致力于寻求资源开发、地区发展、社区建设和环境保护等各方面协调、可持续的资源型城市发展路径和理论模式。沈镭和程静分析了资源型城市经济可持续发展的特殊性，提出矿业城市经济可持续发展的一些思路，包括把握矿区生命周期、抓好经济结构转换、强化城市职能、提高外向度、加快政企分开、加强环境保护等[102]。马传栋把煤炭城市按照可持续发展水平分为具有初步持续发展能力的城市、向可持续发展状态过渡的城市、存在大量经济和环境问题的城市[103]。Collados 和 Duane 从自然资本对于提供生活需求的环境服务的能力、可持续发展能力和可再造能力三方面来判别它对一个地区的生活质量或经济可持续发展的作用[104]。Henderson 针对发展中国家的城市化，认为为解决因城市集中带来的跨区域的交通通信问题，必须实行财政分权来提高内部财力，以便满足城市和人口的服务要求[105]。Hardoy 和 Satterthwaite 指出，第三世界城市的发展必须克服贫困、资源锐减和环境恶化的困难来保证未来的经济可持续发展[106]。Simon 和 Birch 认为全球经济的发展造成了自然资源的浪费，只有通过改变规则并使环境成本内生化，才能使工业生产系统朝着环境友善的方向发展[107]。Brown 和 Jacobson 的研究表明，人口的爆炸和有限的城市资源会对社会、经济和环境造成严重影响[108]。Priemus 用环境影响链表述生态突破的战略，指出城市系统受区域、物质流和参与者的影响，区域内的生态环境影响环境质量，参与者的合作会提升可持续发展能力，城市运动有关的物质流（能源、资源、水、废弃物、空气污染和交通）也对环境造成影响。而环境投资是城市系统经济可持续发展所必需的，此后很多研究者也支持并验证这一观点[109]。贺艳分析了资源型城市发展面临的主要问题和衰退的根本原因，并提出了可持续发展的 3 条对策：产业转移和结构调整、发展制造业和第三产业，以及生态环境建设[110]。张军涛以代际公平为目的建立资源型城市社会经济发展与环境之间的协调关系，并且说明了如何对城市发展中资源、环境的损耗进行核算[111]。朱明峰等、谷庆宝等、李咏梅、王贺等提出了加强资源型城市环境保护、加大环保投资力度是资源型城市经济可持续发展的关键[112-115]。陈云峰等从生态学的视角出发，在分析了资源型城市的特点的基础上，提出了资源型城市创建生态市的和谐模式[116]。郭海涛等选取12 个代表不同类型的矿业城市为样本，构建 7 个数据包络分析（data envelopment analysis，DEA）模型，利用 2004 年的指标数据进行计算，研究结果表明：石油类城市综合效率最高，煤炭类城市综合效率最低，大型、中型、小型城市均出现不同程度的规模收益不变和递减现象[117]。刘剑平等、傅利平和王中亚、韩静等研究了资源型城市可持续发展的评价方法及指标构建[118-120]。李效顺等、屈小娥和李国平采用意愿评估法，研究了煤炭资源开采的价值损失，并提出建立科学的生态补偿机制，对保持资源开发与社会经济的可持续发展具有重要的现实意义[8,121]。金丹和卞正富、陈小芳和邓福康、方磊等基于生态足迹方法研究了资源型城市可持续发展水平并提出了相应对策建议[122-124]。

1.2.5　资源型城市土地利用研究

对资源型城市土地利用的研究主要集中在土地利用变化及其对生态安全的影响方面。臧淑英等从黑龙江省大庆市 1978 年、1988 年、1992 年、1996 年和 2001 年5 个时段的 MSS 和 TM 影像获取不同时期的土地利用信息,揭示了土地利用的时空变化特征和变化规律,运用 GIS 技术计算湿地景观格局指数和各湿地景观类型的时空转移过程,从景观格局的角度定量刻画区域湿地景观过程对土地利用变化的响应和由此产生的湿地生态安全威胁[125]。李龙分析了资源型城市土地利用存在的问题,认为资源型城市发展困难的一个原因就是土地资源与矿产资源的冲突,并通过构建模型说明对自然资源进行开发时,应对造成的土地破坏做出相应的补偿,以恢复土地的生产能力[126]。韦仕川等运用 RS 和 GIS 技术,对东营市 1996 年、2005 年两个时段土地利用/覆被变化及生态安全空间演变规律比较分析,并对生态安全空间变化格局进行了数字模拟。研究结果表明：耕地是东营市主要的土地利用类型,面积有所减少；未利用地和次生盐碱地所占比重较大,居民点及工矿用地大幅增加,油田生产建设和生态环境保护矛盾非常突出, 生态安全风险总体上有进一步恶化的趋势[127]。类淑霞等从土地利用总体规划视角,利用矿区生态承载力评价方法对大同市采煤活动造成的土地生态环境影响进行科学、客观的定量评价,结果表明生态弹性力值自 2002 年呈现下降趋势[128]。张旺锋等、王孟洲等以生态足迹模型计算为基础,分别定量评价了嘉峪关市、平顶山市的土地生态安全值[129, 130]。

此外,也有一些对资源型城市的城镇规划、土地复垦、"三下"压煤问题的研究。刘忠选和刘力祥从黑龙江省七台河市土地复垦的调查出发,研究了资源型城市土地复垦的途径[131]。李瑞霞等、王山河等以河南省鹤壁市庞村镇为例,对资源型城市边缘区重点镇规划进行了探析[132,133]。钟纪刚以攀枝花城市规划建设为例,探讨了山地资源型城市的空间发展战略研究[134]。罗天勇以贵州省为例,提出在贵州省西部区域矿产资源丰富的地区构建专业化矿业城市群[135]。武雄等研究了大型水库库区下压煤开采技术[136]。赵艳玲等以兖州市（2013 年后为兖州区）为例,分析了压煤村庄搬迁与"挂钩流转"政策相结合时的问题,并提出了相应的解决对策[137]。周建奇和梁海林研究认为中东部煤炭矿区城镇化应做到区域发展与资源开发统筹规划[5]。孔瑜和杨大光研究认为我国资源城市土地利用应考虑既完成资源型产业链的升级和延伸，又开发和培育新的主导产业，完善地区的产业结构[138]。杨永均等、杨显明和焦华富研究发现不同阶段、不同地区煤炭开采生态环境效应及城市空间结构存在较大差异[10,139]。

1.2.6　简要述评及研究切入点

通过文献梳理可知，有关煤炭资源型城市发展转型的研究较多、涉及范围较广，总体上可以归纳为：理论探讨、转型研究、可持续发展研究、煤炭开发与经济发展关系等。虽然，目前对煤炭城市转型及调控的研究很多，但基本都集中在转型和可持续发展方面，而对"三下"压煤问题的研究也大多集中在挖填技术和压煤村庄搬迁方面，很少有研究统筹考虑煤炭城市发展过程中地-矿冲突及空间利用矛盾问题。国外对煤炭城市的研究历史较长，已经形成成熟的基础理论，并探索出了城市发展转型的成功模式。国内学者也初步对煤炭城市发展及转型进行深入探索，并取得了较多高质量成果，但相对于我国煤炭城市日益加剧的地-矿冲突矛盾及其调控需求而言，仍然存在以下几点不足。

（1）研究视角单一，协同分析缺乏。煤炭城市研究大多围绕转型与可持续发展方面，虽然取得了重要成果，但是研究视角要么从地上土地持续利用进行分析，要么从地下矿产开采进行研究，而关于地上城镇建设和土地利用与地下矿产资源开采协同研究方面的文献并不多见。

（2）概念界定较多，理论创新不足。国外对资源型城市尤其是煤炭城市转型基础概念进行了较多的探索和界定，认为资源型城市发展涉及经济地理学、社会管理学和城市规划学等，并取得了一定的成果，如"长距离通勤模式"的提出，"劳动力市场分割理论"在资源型城市的应用等，但是理论创新不足，并且国内外发展国情差异较大，直接运用国外理论解释我国现实问题显然不尽合理，应该提出适合中国煤炭城市实际情况的理论命题。

（3）定性研究较多，定量研究较少。从国内外文献综述发现，当前研究方法定性描述较多，尤其针对资源型城市转型与发展措施与政策体系方面的定性研究较多且比较宽泛，缺少针对中国煤炭城市地-矿冲突调控的模型计量分析、系统模拟仿真和立体空间优化分区等定量研究。

总之，虽然国外研究成果对中国资源型城市的发展及转型具有一定的指导意义，但由于中外国情差别较大，发展阶段差异明显，必须在探究地-矿冲突现状特征和作用机制的基础上，寻求适合中国煤炭城市发展实际的调控策略。鉴于此，本书拟在深入分析煤炭城市地-矿冲突的基本现状、关键动因的基础上，首先把握城镇发展与土地利用和煤炭开发的一般规律及主要特征，进而通过构建计量模型，从宏观需求层面定量表达煤炭消费调控拐点和顶点；然后，通过构建系统动力学模型仿真并多情景模拟煤炭开采利用、城市土地扩张、矿区土地承载力与生态演变的趋势；最后，基于效用价值空间均衡原理和 GIS 分析方法定量表达煤炭城市立体空间优化调控边界和管控分区，为化解煤炭城市地-矿冲突提供空间调控参考和决策依据。

1.3　研　究　内　容

本书为化解煤炭城市地-矿冲突现实难题，按照"现状分析—成因解析—计量分析—仿真模拟—调控对策"的逻辑思路开展以下四个方面的研究。

1.3.1　煤炭城市地-矿冲突现状分析及其发展贡献计量

分析地-矿资源现状并计量其与城镇发展的关系是煤炭城市冲突调控的前提。该部分通过构建经济活动与城市土地、煤炭开发的时空响应模型，开展如下研究：①地-矿冲突分析研究。基于对土地利用与煤炭开发主要特征分析结果，拟借助"3S"技术和社会学调查访谈方法，并结合典型案例分析诊断煤炭城市土地利用与煤炭开发在时间重复、空间重叠与管理重置上的主要冲突现状、理论成因及其协同路径。②地-矿对城市发展贡献度计量。采用改进 C-D 生产函数模型，计量土地要素投入和煤炭消费（需求角度）与城市发展的关系，定量表达宏观层面地-矿两种资源对城市发展的贡献度，进而从微观角度具体分析典型煤炭城市资源开发（供给角度）、土地利用对区域发展的影响，为寻找化解地-矿冲突优化路径提供现实基础和调控前提。

1.3.2　煤炭消费需求假说提炼及其宏观实证分析研究

揭示煤炭消费需求与经济发展的宏观关系是煤炭城市地-矿冲突调控的基础。该部分在总结国内外经济增长与煤炭消费特征和发展轨迹的基础上，开展如下研究：①煤炭消费需求与经济发展特征分析。以经济增长、产业结构调整与煤炭消费之间的相互作用为主线，提出新的研究假说，并通过构建 Kúznets 曲线（倒"U"形）模型，定量表达全国及不同省、市（区）煤炭消费伴随经济增长的时空演变规律，重点判断当前煤炭消费的需求阶段、基本态势和时空特征。②煤炭消费需求拐点及其顶点值测算。在假说验证的基础上，通过对 Kúznets 曲线求导数，进一步计算全国及不同省、市（区）煤炭消费拐点、顶点值及其出现时点和空间分布特征，进而在把握煤炭消费规律的基础上，提出依据拐点和顶点规模科学调控煤炭消费需求量，并通过宏观层面的消费需求传导调控煤炭生产供给，最终达到缓解地-矿冲突和实现区域可持续发展目标。

1.3.3　煤炭城市土地承载力模拟仿真与多情景分析研究

多情景模拟仿真煤炭开发土地承载力状况是煤炭城市地-矿冲突调控的关键。该部分主要从系统动力学角度切入，并通过多情景模拟和仿真，开展如下研究：①构建煤炭城市地-矿冲突 SD（system dynamics）综合系统模型。即对应城镇发展、土地开发、煤炭开采过程，拟运用系统动力学专用软件 Vensim 分别建立煤炭城市经济发展、土地开发利用和煤炭开采等子系统，进而建立地-矿冲突 SD 综合系统模型。②煤炭城市地-矿协同发展多情景模拟分析。借鉴已有研究成果，结合主导影响因素，以煤炭城市可持续发展为研究切入点，以循环经济理论、系统动力学理论为基础，运用系统动力学方法，构建煤炭城市经济发展土地承载力模型并设置不同发展方式，对煤炭城市土地承载力及其发展模式进行仿真和多情景模拟，进而为化解煤炭城市地-矿冲突、合理布局土地资源、发展循环经济和实现矿区可持续发展提供中观层面的调控对策。

1.3.4　煤炭城市地-矿立体空间优化及其边界调控研究

定量表达煤炭城市立体空间边界和管控分区是煤炭城市地-矿冲突调控的保障。拟在分别测算地上土地资源和地下煤炭资源价值的基础上，从地-矿价值立体空间均衡视角切入，开展如下研究：①土地资源价值测算及空间插值分析。运用收益还原、市场替代和基准地价更新评估报告成果，对典型煤炭城市地上土地资源价值进行分类评估，并运用 GIS 技术进行空间分布特征总结、地价数据库建设和空间插值分析。②煤炭资源价值评估及其立体空间分区。在运用经济学原理界定煤炭城市立体空间调控边界和优化分区的基础上，结合煤炭品质、储量分布和财务报表，对煤炭资源正面、财务和真实三种价值进行分类评估，进而结合上述研究成果，运用"3S"技术定量表达煤炭城市地上土地开发与地下煤炭开采的立体管控边界和统筹管控区域，为最终煤炭城市地-矿协同建设和可持续发展提供定量参考和调控依据。

1.4　研究思路与技术路线

按照总体把握、重点突破和总结归纳的研究思路，本书采用定性分析和定量表达相结合的研究方法，按照"研究准备—规律把握—机制动因—模型实证—结论建议"逻辑主线,将研究任务及过程分为六个模块完成。具体研究思路和技术路线如图 1-3 所示。

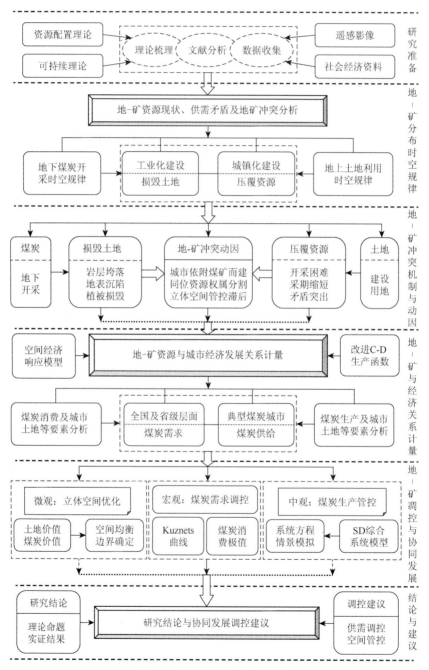

图 1-3　研究思路和技术路线

第 2 章　地-矿冲突研究理论基础及研究框架

本章起着承上启下的作用，即在第 1 章提出研究问题的基础上，通过构建研究框架和理论分析统领第 3～7 章的研究内容，并重点研究 3 个方面的内容：其一，界定关键术语的基本内涵；其二，构建研究框架，阐述具体研究内容和章节安排；其三，进行系统、协调、冲突和可持续发展等相关理论分析，为第 3～7 章的研究开展提供理论指导和框架安排。

2.1　主要内涵界定

2.1.1　煤炭城市

煤炭城市作为资源型城市的重要类型之一，顾名思义是依托煤矿资源而形成和发展起来的资源城市[140]。关于其界定标准，主要有以下几种：一是比较笼统地认为煤炭产业在整个城市工业产业结构中占有重要地位，但并没有具体的定量标准[141]；二是煤炭工业在整个城市市域工业总产值中的比重大于或等于 10%作为煤炭城市划分的一种定量标准，但是标准比较单一[142, 143]；三是李文彦运用城市职能分类的方法提出了划分煤矿城市的四个标准，包括煤矿职工比例、煤矿工业产值比重、煤矿生产规模和煤炭开发[144]；四是以煤炭产业增加值占城市国民生产总值的 10%以上和煤炭产业从业职工占全部从业职工的 15%以上为标准界定煤炭城市，这是目前学术界比较认同的划分标准[145-147]。而典型煤炭城市是指采掘业产值占工业总产值比重的 20%以上，其从业人员比例与一般煤炭城市一致[147]。

本书中以第 4 种标准作为界定煤炭城市的依据，同时参考《中国煤矿城市经济转型研究》中的成果可知，目前我国存在煤炭城市 90 个，其中典型煤炭城市 73 个，主要分布在内蒙古、山西、陕西、新疆等省（自治区），其次是贵州、宁夏、安徽、云南、河南、山东、黑龙江等省（自治区）。全国煤炭城市总体呈现中部集中、北多南少、西富东贫的基本特征。因此，考虑区域差异性、资料可获得性和研究可行性，实证分析分别从东中西部地区选取江苏省徐州市、山东省济宁市、内蒙古自治区乌海市等典型煤炭城市进行地-矿冲突分析。

2.1.2　地-矿冲突

"地-矿"如无特殊说明，"地"主要集中分布在煤炭城市表层部分，即城市地表土地，"矿"主要集中分布在煤炭城市同一立体空间地下煤炭资源，即城市地下煤炭。而《新华词典》中认为"冲突"有两个基本释义：其一，是相互撞击或争斗；其二，是意见不同，互相抵触[148]。管理学中对"冲突"的定义为：当对方感觉到另一方对自己关心的事情产生了不利影响或将要产生不利影响时，这种过程就开始了。管理学认为"冲突"具有消极作用的同时兼有积极作用，并且将"冲突"分为了 5 个阶段，分别为潜伏阶段、被认识阶段、被感觉阶段、处理阶段和结局阶段。根据冲突的不同，可以采取回避、迁就、强迫、妥协及协同 5 种方式加以抑制[149-152]。经济学认为"冲突"有 3 个特点，一是要有两个以上排斥的客观实体；二是各冲突实体均有影响其他所有各方利益的可行性方案集；三是冲突问题中的各方存在着彼此不相一致的利益倾向，冲突要素包括时间点、局中人、选择或行动、结局[153]。管理学中一般把"判断冲突"叫作"冲突诊断"，而经济学中则称为"冲突分析"，作者综合考虑本书所依托的矿业特色的工科背景、综合管理学和经济学的"冲突"内涵，认为"冲突"是指在空间上或时间上存在两个或两个以上相排斥或相对立的事物，即不能处于协同发展的状态。

如图 2-1 所示，本书界定的"地-矿冲突"是在假定立体空间范围、地上城镇化建设与地下煤炭开采难以同时兼顾的前提下，资源城市发展过程中普遍存在的地上土地开发和地下煤炭开采难以避免的经济、社会和环境综合对立状态，并且煤炭城市地上土地（简称地）利用与地下煤炭资源（简称矿）开采一般呈现两个显著特征：一是开发时间难以同时进行，二是地上、地下立体空间难以协调。

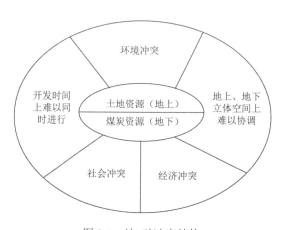

图 2-1　地-矿冲突结构

2.1.3　机理机制

"机理"指的是事物变化的原因与道理[154]，而"机制"在《辞海》中的释义有 3 个：①用机器制造的；②指有机体的构造、功能和相互关系；③指一个工作系统的组织或部分之间相互作用的过程和方式[155]。其实，"机制"一词最早源于希腊文，其英文为"mechanism"，词义来源于工程学，原指机器的构造和工作原理[156]。现已广泛应用于自然现象和社会现象，泛指一个工作系统的各组成部分之间相互作用的过程和方式。其关键点有两个，一是事物各个部分的存在；二是协调各个部分之间的关系一定是一种具体的运行方式。而在经济学中，"机制"范畴的使用把社会经济活动当作一个生命机体看待；同时将经济研究由抽象的经济关系拓展到经济机体及其机构、机能问题研究[157]。

在以上机理与机制内涵辨析的基础上，本书的地-矿冲突机理及机制系统仿真和建模过程，主要借鉴经济学中"机制"范畴的使用把社会经济活动当作一个生命机体看待的思想，运用系统动力学方法进行地-矿冲突系统建模和煤炭开采土地承载力分析，以便在把握地-矿冲突内部机理和相互作用机制的基础上，进行多情景仿真模拟和协同发展分析。

2.1.4　空间管制

空间管制是一个规划术语，作为一种有效而适宜的资源配置调节方式[158]，在城市规划、土地利用总体规划、生态环境功能区划、矿产资源总体规划等相关规划中均具有重要地位。它是为制约开发建设，对空间资源的管制；以空间资源分配为核心，以经济、社会、生态的和谐发展为目标，从整体利益、长远利益出发，通过合理的空间划分和调控措施，建立空间管制机制[159, 160]。

本书引入规划观念空间管制，并将城乡规划、土地规划与矿产规划相结合，根据土地与矿产资源开发利用特点及其对社会经济环境的影响，划定不同开发利用特性的类型区，并制定分区开发标准和控制引导措施，以达到社会、经济与环境的协调可持续发展。

2.2　基本研究框架

2.2.1　逻辑分析框架

土地资源一直是经济社会发展的重要载体，而煤炭资源在很长时间内则是经济社会发展的主要廉价动力，因此无论是土地资源还是煤炭资源，在我国的经济社会发展过程中均做出了突出贡献[16,161]。煤炭城市作为两种资源的富集地和叠加区，累计生产原煤 529 亿 t，占全国煤炭总产量的 90%，为中国建立完整的工业体系、促进国民经济发展做出了历史性贡献。然而，由于煤炭城市资源开采强度过大、土地损毁过高，区域地-矿冲突不断恶化。鉴于地-矿冲突分析是一个非常复杂的系统工程，因此本书按照"特征分析—作用机制—调控对策"研究思路和逻辑主线，构建如图 2-2 所示的分析框架，即首先第 3 章对煤炭城市地-矿冲突现状及动因进行分析，接着第 4 章对城市发展与地-矿相互作用机制进行综合计量，最后安排第 5～7 章研究内容分别从宏观需求、中观供给和微观管制调控三个层面提出解决地-矿冲突的调控对策。

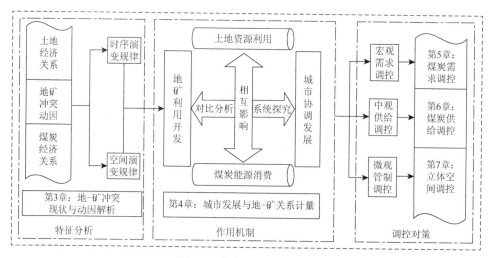

图 2-2　本书逻辑分析框架

DPSIR（driving force-pressure-state-impact-response）模型[162]对地-矿冲突的"驱动力-压力-状态-影响-响应"界定如下："驱动力"是造成地-矿冲突的潜在原因，是指造成土地资源利用与煤炭资源开采这个地-矿系统冲突的原因，包括立体空间利用有限、社会经济需求、生态影响作用、管理缺失等自然社会经济因素。"压力"指人类活动对自然环境产生的影响，是决定资源利用方式的直接作用因子，源于人类对土地资源与煤炭资源的直接作用，主要体现在对土地资源与煤炭资源的利用取舍，以及作为决策者、执行者和旁观者的政府、矿厂及矿区居民对地-矿资源开发利用的影响。"状态"是指两种资源在上述压力下所处的状况，如生态退化情况、土地污染程度、开采沉陷速度规模等。不同的资源利用方式或选择，对社会经济与生态环境产生的影响也是不同的，相对于土地利用方式，煤炭资源开采对环境的影响更大。"响应"是指为促进可持续发展进程所采取的达到地-矿协同的相应对策，包括煤炭供需调控、提高煤炭开采技术水平、地-矿系统工程建设、地-矿一体化立体空间管控等。

可见，地-矿冲突分析作为一个社会、经济、生态环境综合影响下的复合系统工程，其冲突机理相当复杂。借助 DPSIR 模型有助于研究地-矿冲突的产生及其协同发展的过程。通过全面分析地-矿系统中的"驱动力""压力""状态""影响""响应"机理，理解地-矿冲突产生的因果关系，为实现地-矿协同发展目标或化解地-矿冲突矛盾奠定基础。因此，本书结合 DPSIR 模型在分析地-矿与经济发展关系的基础上，重点分析造成地-矿冲突的"驱动力"和主要"压力"，明确地-矿冲突的现实"状态"，以及地-矿资源开发利用带来的社会经济"影响"，最终提出合理可行的调控对策和政策建议作为"响应"，以期能为化解地-矿冲突矛盾和实现经济社会及地-矿协同可持续发展提供决策参考。

2.2.2　章节结构安排

本书在细化研究问题的基础上，客观面对中国煤炭城市可持续发展面临的地-矿冲突难题；在文献回顾的基础上，深入剖析系统、协同、冲突和可持续发展等基础理论；在明确研究框架的基础上，从宏观层面深入分析地-矿冲突基本现状、表现形式、主要类型和综合分区及理论成因，进而把握城镇发展与土地利用、煤炭消费和综合要素投入之间的演化规律，定量表达地-矿对经济的贡献度；从宏观需求、中观供给和微观管制调控等不同层面研究化解地-矿冲突的主要路径和调控手段，也是本书研究的重点；提出煤炭城市地-矿冲突调控相应政策建议。因此，本书章节结构框架主要分为以下 4 个部分，即问题提出和基础理论探讨（包括第 1、2 章），地-矿冲突现状分析与资源贡献测度（第 3、4 章），宏观需求调控、中观供给调控与微观管制调控（包括第 5~7 章），以及结论和建议（第 8 章），共计 8 章。

各章节逻辑联系及其主要内容提炼如下。

第 1 章，煤炭城市地-矿冲突研究背景及内容。本章首先介绍煤炭城市地-矿冲突的研究背景，提出要研究的主要问题，说明开展本书的研究目的和意义；然后总结国内外相关研究进展，简述主要研究内容，最后明确本书研究思路及技术路线等。

第 2 章，地-矿冲突研究理论基础及研究框架。作为本书的研究统领章节，本章主要界定关键术语基本内涵，构建并确定研究结构及研究内容安排，同时梳理相关理论，为以后的章节提供理论指导和研究基础。

第 3 章，地-矿冲突现状与动因解析：调控的前提。基于土地开发与煤炭开采的时空特征，借助"3S"技术和社会学调查访谈方法，并结合典型案例，深入分析资源城市土地开发与煤炭开采在时间重复、空间重叠与管理重置上的主要冲突现状和原因及其调控路径,为地-矿冲突调控提供研究前提。

第4章,城市发展与地-矿关系计量:调控的基础。无论是土地要素投入还是煤炭资源投入都对经济发展有一定的影响,有必要将两种要素纳入统一分析框架和计量模型进行系统研究。因此,在第2章研究框架和第3章地-矿冲突分析基础上,本章通过改进C-D生产函数模型,计量土地要素投入和煤炭消费(需求角度)与城市经济的关系,定量表达宏观层面地-矿对城市发展的贡献度和方向;然后,以典型煤炭城市为例,具体分析煤炭生产(供给角度)、土地利用对其发展的影响,为最终判断地-矿资源贡献和寻找地-矿冲突调控路径提供研究基础。

第5章,经济发展与煤炭消费:宏观需求调控。在第3、第4章研究基础上,本章重点研究从煤炭需求角度来调控地-矿冲突。即本章以经济增长、产业调整与煤炭消费之间的相互作用为主线,提出研究假说,并借助Kúznets曲线(倒"U"形)模型分析资源城市煤炭消费伴随经济增长演变的时间规律,重点判断当前煤炭消费的阶段特征,进而测算全国及29个省(自治区、直辖市)煤炭消费拐点、顶点及其出现时点,以便在煤炭消费需求规律的指导下,为最终化解"三加"特征的地-矿冲突提供宏观需求方面的决策参考和定量依据。

第6章,地-矿冲突系统模拟:中观供给调控。第3~5章分别对地-矿冲突现状及其主要特征,城镇建设对土地、煤炭要素需求及其贡献,煤炭消费规律及调控策略进行深入分析,能够为化解地-矿冲突提供较好的定量指导,但没能从供给视角和中观层面揭示地-矿冲突机制及其未来发展态势,并且土地供给无弹性叠加煤炭开发破坏性,导致地-矿冲突态势更加难以把握。鉴于此,本章从供给视角,以承载力为载体将土地利用与煤炭开采、城市发展和经济建设纳入统一综合系统,并运用系统动力学方法,从中观层面多情景模拟煤炭城市地-矿冲突机理、作用机制和发展态势,进而为化解"三加"特征的地-矿冲突提供中观层面的决策参考和定量依据。

第7章,地-矿冲突空间优化:微观管制调控。在深化第5章地-矿冲突的宏观需求调控和第6章中观供给调控研究框架的基础上,本章基于微观空间管控视角,从立体空间优化方面寻求化解地-矿冲突路径,即将地上土地资源和地下煤炭资源纳入统一立体模型和研究框架,首先基于一般城市平面扩张调控模型,提出煤炭城市地-矿冲突调控新的理论命题:三个立体调控边界和四大调控分区,然后构建计量模型并分别以济宁市中心城区和徐州市沛县为例进行实证分析,定量表达煤炭城市立体空间管控的三个边界和四大区域,进而探索化解煤炭城市地-矿冲突的微观调控机制。

第8章,煤炭城市地-矿冲突调控建议。对本书内容进行总结,提出相应的政策建议。

2.3　关键理论分析

2.3.1　系统理论

"系统"一词，是英文 system 的音译，来源于古希腊语，是由部分构成整体的意思。通常"系统"的定义是：由若干要素相互作用而形成的有机整体。系统理论是研究系统的一般模式、结构和规律的学问，它研究各种系统的共同特征，用数学方法定量地描述其功能，寻求并确立适用于一切系统的原理、原则和数学模型，是具有逻辑和数学性质的一门新兴的科学。

系统理论是美籍奥地利理论生物学家贝塔朗菲（Bertalanffy）创立并确立的，具有整体性、关联性、等级结构性、动态平衡性、时序性等基本特征[163]。其核心思想是系统的整体性，系统中各要素不是孤立地存在着，每个要素在系统中都处于一定的位置，起着特定的作用，要素之间相互关联，构成了一个不可分割的整体，如果将要素从系统整体中割离出来，它将失去要素的作用。因此，系统要素之间的相互作用是系统存在的内在依据，同时也构成系统演化的根本动力。系统理论的基本思想方法，就是把所研究和处理的对象当作一个系统，分析系统的结构和功能，研究系统、要素、环境三者的相互关系和变动的规律性，并优化系统观点看问题，世界上任何事物都可以看成是一个系统，系统是普遍存在的。系统理论的任务，不仅在于认识系统的特点和规律，更重要的还在于利用这些特点和规律去控制、管理、改造或创造系统，使它的存在与发展合乎人的目的需要。也就是说，研究系统的目的在于调整系统结构，协调各要素关系，使系统达到优化目标[164, 165]。

本书引入系统理论思想，将土地资源和煤炭资源纳入同一系统——地-矿系统分析地-矿之间的关系，为地-矿协同发展奠定理论基础。

2.3.2　协同理论

协同理论是由联邦德国斯图加特大学教授、著名物理学家哈肯（Haken）在 20 世纪 70 年代提出并创立的，主要研究远离平衡态的开放系统在与外界有物质或能量交换的情况下，如何通过自己内部协同作用，自发地出现时间、空间和功能上的有序结构。主要内容可概括为：①协同效应。协同效应是指由于协同作用而产生的结果，是指复杂开放系统中大量子系统相互作用而产生的整体效应或集体效应。对千差万别的自然系统或社会系统而言，均存在着协同作用。协同作用是系统有序结构形成的内驱力。任何复杂系统，在外来能量的作用下或物质的聚集态达到某种临界值时，子系统之间就会产生协同作用。这种协同作用能使系统在临界点发生质变产生协同效应，使系统从无序变为有序，从混沌中产生某种稳定结构。协同效应说明了系统自组织现象的观点。②伺服原理。伺服原理用一句话来概括，即快变量服从慢变量，序参量支配子系统行为。它从系统内部稳定因素和不稳定因素间的相互作用方面描述了系统的自组织的过程。其实质在于规定了临界点上系统的简化原则"快速衰减组态被迫跟随于缓慢增长的组态"，即系统在接近不稳定点或临界点时，系统的动力学和突现结构通常由少数几个集体变量（即序参量）决定，而系统其他变量的行为则由这些序参量支配或规定，正如协同理论的创始人哈肯所说，序参量以"雪崩"之势席卷整个系统，掌握全局，主宰系统演化的整个过程。③自组织原理。自组织是相对于他组织而言的。他组织是指组织指令和组织能力来自系统外部，而自组织则指系统在没有外部指令的条件下，其内部子系统之间能够按照某种规则自动形成一定的结构或功能，具有内在性和自生性特点。自组织原理解释了在一定的外部能量流、信息流和物质流输入的条件下，系统会通过大量子系统之间的协同作用而形成新的时间、空间或功能有序结构[166-170]。

协同理论作为系统理论的延伸，本书在系统模型构建过程中，充分运用其思想，探讨人类活动对地-矿系统的影响及地-矿系统在时空上的协同发展。

2.3.3 冲突分析理论

冲突分析是国外近年来在经典对策论和偏对策理论基础上发展起来的一种对冲突行为进行正规分析的决策分析方法[153]。研究冲突的方法可根据定量、定性的不同分为两个方面。冲突分析的要素是使现实冲突问题模型化、分析正规化所需的基本信息，也是对原始资料处理的结果，主要有时间、行为主体、选择或行动、结局和优先序或优先量。冲突分析过程主要包括以下 4 个方面（图 2-3）。

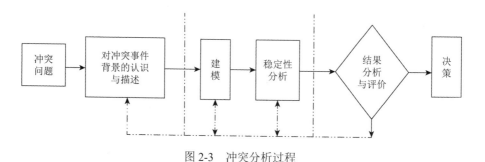

图 2-3　冲突分析过程

（1）对冲突事件背景的认识与描述，以对事件有关背景材料的收集和整理为基本内容。主要包括：①冲突发生的原因及事件的主要发展过程；②争论的问题及其焦点；③可能的利益和行为主体及其在事件中的地位及相互关系；④有关各方参与冲突的动机、目的和基本的价值判断；⑤各方在冲突事态中可能独立采取的行动。对背景的深刻了解和恰当描述，是对复杂的冲突问题进行正规分析的基础。

（2）冲突分析模型是在初步信息处理之后，对冲突事态进行稳定性分析用的冲突事件或冲突分析要素间相互关系及其变化情况的模拟模型，一般用表格形式比较方便。

（3）稳定性分析是使冲突问题得以圆满解决的关键，其目的是求得冲突事态的平稳局势。所谓平稳局势，是指对于所有局中人都可接受的结果，也即对任一局中人，更换其策略后得到新局势，而新局势的效用值或偏好度都较原局势小，则称原来的局势为平稳局势。因在平稳状态下，没有一个局中人愿意离开他已经选定的策略。故平稳结局亦为最优结局。稳定性分析必须考虑有关各方的优先选择和相互制约。

（4）结果分析与评价，主要是对稳定性分析的结果或平稳局势进行进一步的逻辑分析和系统评价，以便向决策者提供有实用价值的决策参考信息。

冲突分析方法的主要特色有 5 点：①能最大限度地利用信息，因而较适于解决工程系统中考虑社会因素影响时的决策问题和社会系统中的多人决策问题。②具有严谨的数学和逻辑学基础，是在一般对策论基础上发展起来的偏对策理论的实际应用。③冲突分析既能进行冲突事态的事前分析，又能进行事态的过程描述和事后分析，从而可为决策者提供多方面有价值的决策信息，并可进行政策和决策行为的分析。④分析方法在使用中几乎不需要任何数学理论和复杂的数学方法，很容易被理解和掌握。主要分析过程还可用计算机或者通过人-机对话解决，因而具有很强的实用性。⑤冲突分析用结局的优先序代替了效用值，并认为对结局比较判断时可无传递性，从而在实际应用中避开了经典对策论关于效用值和传递性假设等障碍。

在立体空间上，土地资源作为地上资源，煤炭资源作为地下资源，哪个先利用或哪个要利用？怎么解决？正是一个地-矿冲突问题，需要一个博弈的过程，因此引入冲突分析理论，在充分调查了解分析土地资源和煤炭资源特征条件下，通过建立相应系统模型，分析地-矿矛盾，确定冲突类型，选择开发利用决策或方案。

2.3.4　可持续发展理论

可持续发展理论是 20 世纪后半期发展并逐渐成熟起来的理论，对于可持续发展的概念，不同流派各有所侧重[171-174]，目前比较认同的概念为既满足当代人的需求，又不损害后代人满足需要的能力的发展。拓展含义是指经济、社会、资源和环境保护协调发展，既要达到发展经济的目的，又要保护好人类赖以生存的大气、淡水、海洋、土地和森林等自然资源和环境，使子孙后代能够永续发展和安居乐业。基本内容包括经济可持续、生态可持续和社会可持续，核心思想是正确处理人与人、人与自然之间的关系，基本原则为公平性、持续性和共同性[175, 176]。

可持续发展是一个内涵极为丰富的概念，可以归纳为共同发展、协调发展、公平发展、高效发展和多维发展。其中，共同发展是指各子系统相互联系相互作用，不可分割，应追求整体和协调发展。而协调发展包括各子系统层面、地域层面及内部各个阶层的协调。公平发展涵盖两个纬度，时间上公平，指当代人的发展不以损害后代的发展为代价；空间上公平，一个国家或地区的发展不能以损害其他国家或地区的发展为代价。高效发展是指经济、社会、资源、环境、人口等协调下的高效率发展。而多维发展是由于各国、各地区的异质性，可以多样性、多模式的多维度选择发展。

地-矿资源协同利用是实现资源可持续利用的重要方式和内容之一，应以可持续发展为目标，协调政府、煤矿、居民等各方利益，统筹地-矿立体开发，促进资源、经济、生态、社会发展共赢，根据各煤炭城市的特点，合理确定地-矿资源协同利用方式和途径，确保土地资源长远利用、煤炭资源尽可能地充分开采。

2.4　本章小结

本章首先界定了研究对象和关键问题的主要内涵，进而构建理论分析框架和安排各章节研究内容，并阐述总结了系统理论、协同理论、冲突分析理论及可持续发展理论，为第3~8章研究的开展奠定了理论基础和研究框架。

第3章 地-矿冲突现状与动因解析：调控的前提

在深化第 2 章研究框架的基础上，本章首先把握中国地-矿资源基本特点及供需矛盾，然后总结其地-矿冲突现状、表现形式、综合分区和主要特征，最后在微观调研和案例分析基础上，解析地-矿冲突的理论动因并选择调控策略，为煤炭城市地-矿冲突研究的开展提供现实基础和调控前提。

3.1 地-矿资源现状与供需矛盾

3.1.1 土地现状与供需矛盾

1. 土地资源现状特征

基于《中国国土资源统计年鉴 2014》汇总的全国 2013 年 31 个省（自治区、直辖市）①土地利用现状数据，并按照地理和经济综合区划将全国 31 个省（自治区、直辖市）分为东部、东北、中部、西北和西南地区进行数据整理，如表 3-1 所示，截至 2013 年底，中国农用地总计 64896.90 万 hm²，建设用地总计 3830.49 万 hm²。从各地区土地利用结构来看，西北地区农用地占比最大，达到97.53%，其次为西南地区；而东部地区农用地占比最少，建设用地占比最多，达到15.15%，其次为中部地区。

表 3-1 2013 年全国不同地区土地利用现状　　　　　（单位：万 hm²）

地区	农用地						建设用地			
	小计	耕地	园地	林地	牧草地	其他农用地	小计	城镇村及工矿	交通用地	水利设施用地
东部	7117.42	2636.89	565.03	3259.72	42.94	612.83	1270.79	1050.98	115.08	104.73
东北	6842.22	2798.22	58.29	3648.10	134.44	203.17	432.90	341.46	39.63	51.81
中部	8274.49	3069.56	247.52	4348.40	5.12	603.89	1012.38	829.05	77.29	106.03
西北	22178.30	2577.26	182.76	5408.28	13640.30	369.70	562.76	455.58	61.90	45.28
西南	20484.50	2491.32	391.41	8769.16	8233.51	599.13	551.66	444.11	57.63	49.91
合计	64896.90	13573.30	1445.00	25433.70	22056.30	2388.72	3830.49	3121.18	351.53	357.76

资料来源：《中国国土资源统计年鉴 2014》，下同。

---

① 本书研究未包括香港、澳门和台湾地区。

中国土地资源分布不平衡，土地生产力地区间差异显著。中国东南部季风区土地生产力较高，目前已集中全国耕地与林地的92%左右，农业人口与农业总产值的95%左右，是中国重要的农区与林区，也是第二产业和第三产业（以下简称二三产业）比重较大地区，但区内自然灾害频繁，森林分布不均。因此，东南部季风区内土地资源的性质和农业生产条件差别较大。西北内陆区光照充足，热量也较丰富，但干旱少雨，水源少，沙漠、戈壁、盐碱面积大，其中东半部为草原与荒漠草原；西半部为极端干旱的荒漠，无灌溉即无农业，土地自然生产力低。青藏高原地区大部分海拔在3000m以上，日照虽充足，但热量不足，高而寒冷，土地自然生产力低，而且不易利用。可见，中国土地资源分布不平衡，土地组成因素不协调，区域间差异大。

中国土地资源的现状特点是：①绝对数量较大，人均占有量小。土地总面积约960万km^2（144亿亩①），居世界第三位，但人均占有土地面积约为12亩，不到世界人均水平（约40亩）的1/3；②地形错综复杂，地貌类型多。中国海拔小于500m、海拔在500~4000m、海拔大于4000m的土地面积分别占土地总面积的27.1%、51.7%、20.2%（未包括1%的水域）；③各类土地资源分布不平衡，土地生产力水平低。以耕地为例，中国大约有20亿亩的耕地，其中90%以上分布在东南部的湿润、半湿润地区。在全部耕地中，中低产耕地大约占耕地总面积的2/3；④宜开发为耕地的后备土地资源潜力不大。在大约5亿亩的宜农后备土地资源中，可开发为耕地的面积仅约为1.2亿亩。

2. 土地资源供需矛盾

中国土地资源本地现状及其区域差异与庞大人口对土地资源需求对比表明，土地资源供给尤其是东部地区的土地资源供应能力十分有限，而且伴随社会经济飞速发展和城镇化建设加速推进，人们对土地尤其是建设用地的需求日益强烈并呈现复杂、多样化趋势，从起初满足人类栖息的要求，到后来出现了农牧地，再到后来的住宅用地、工业用地等，人类对土地的需求量越来越大。另外，伴随人口爆炸式增长，人们对粮食的需求不断增加，意味着对农用地的需求不断增加，而工业化、城市化的不断发展亦需要更多土地作为依托和载体。相对于人类无限的需求而言，为了满足这种需求就需要更多农用地和建设用地供给，而在一定时间与空间的范围内土地资源总量十分有限，因此相对稀缺的建设用地和农地资源与人类绝对增长的需求之间的矛盾成了土地资源永恒的供求冲突。

1）建设用地供求冲突

《全国土地利用总体规划纲要（2006—2020年）》确定，到2020年全国新增

---

① 1亩≈666.7平方米。

建设用地为 585 万 hm^2。然而，在经济发展对建设用地强烈需求驱动下，沿海部分发达省份现有建设用地规模早已突破 2020 年约束指标，区域建设用地供应面临前所未有的压力、供求冲突异常激烈。并且城市化发展往往伴随着农村人口向城市人口的转化而带来土地非农化和城市规模外延扩大，即随着我国城市化水平的提高，城市扩张对土地的需求不断增加。而从供给视角分析，城市土地供给分为城市土地增量供给和土地存量供给，城市土地增量供给主要通过土地非农化实现的，城市土地存量供给则是通过对城市已有建设用地的深度开发和集约利用实现的。如图 3-1 所示，从 2013 年建设用地供求状况来看，全国尤其是东部地区土地供给紧缺和强烈的土地需求冲突将长期存在。

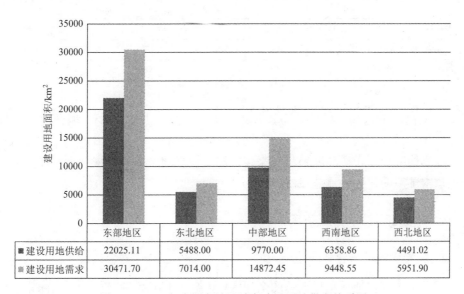

	东部地区	东北地区	中部地区	西南地区	西北地区
■ 建设用地供给	22025.11	5488.00	9770.00	6358.86	4491.02
▓ 建设用地需求	30471.70	7014.00	14872.45	9448.55	5951.90

图 3-1   2013 年全国各地区城市建设用地供求关系图

2）农用地供求冲突

如图 3-2 所示，伴随中国工业化和城市化的深入推进，大量农用地尤其是耕地被占用、破坏、污染，农地保护与城市、工矿用地的矛盾日益突出。与此同时，中国耕地总量和质量持续下降，与人口、经济总量的持续增长形成鲜明对比。进入 21 世纪以来，中国耕地面积持续减少且日益明显，该时段新增耕地 26872.17km^2，减少耕地 37032.61km^2，减少速率最快的区域集中于长江三角洲、珠江三角洲地区等东部地区，而增加速率最快的区域集中在东北部地区、新疆及内蒙古部分地区等区域。

长期以来，中国面临严峻的人地矛盾，因为虽然中国耕地资源总量较大，但人均耕地不足世界平均水平的 1/2，人地矛盾突出和人均耕地占有量不足已成为中

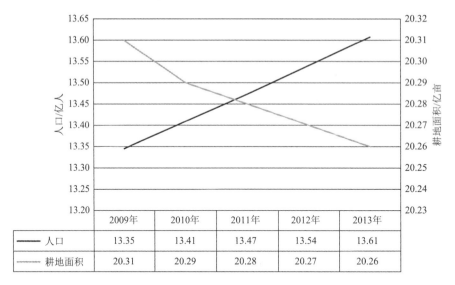

	2009年	2010年	2011年	2012年	2013年
人口	13.35	13.41	13.47	13.54	13.61
耕地面积	20.31	20.29	20.28	20.27	20.26

图 3-2　2009～2013 年全国人口和耕地面积变化图

国不可忽视的土地基本国情。中国耕地资源还在持续加速减少，城镇建设却以 400 万亩/年的速度快速占用耕地。因此，从长远来看，中国人口增长、建设用地增加与耕地减少的矛盾和冲突将越来越突出，粮食增产难度越来越大，保持粮食长期供求平衡的任务将日益艰巨。

3.1.2　煤炭现状与供需矛盾

1. 煤炭资源现状特征

基于中国煤炭地质总局汇总的全国 30 个省（自治区、直辖市）（上海未发现煤炭资源）2009 年煤炭地质评价报告的统计数据，按照地理位置和经济、社会发展程度等标准划分的东部、中部、西部地区进行汇总整理，中国煤炭资源分布情况表如表 3-2 所示。

表 3-2　我国东部、中部和西部地区的煤炭资源分布情况

项目	东部地区		中部地区		西部地区	
	资源量/亿 t	全国占比/%	资源量/亿 t	全国占比/%	资源量/亿 t	全国占比/%
探明资源量	2322.58	11.6	15210.20	75.6	2575.95	12.8
保有资源量	2033.13	10.5	14883.46	76.5	2539.32	13.1
已利用资源量	708.40	17.5	2595.06	64.2	736.91	18.2
未利用资源量	1324.73	8.6	12288.38	79.7	1802.41	11.7
资源总量	4617.95	7.9	32381.04	55.6	21261.79	36.5

中国煤炭资源总量丰富、分布不均。截至 2009 年底，煤炭资源总量为 5.82 万亿 t，其中保有煤炭资源量为 1.97 万亿 t。东部、中部和西部的煤炭资源量分别占我国煤炭资源总量的 7.9%、55.6% 和 36.5%；最大的煤炭资源富集区域为晋陕蒙宁区（占全国资源总量的 41.4%），其次为北疆区（30.8%）；主要的资源富集省（自治区）依次为新疆、内蒙古、山西、陕西、贵州等。中国煤炭资源分布、消费不平衡，分布北多南少，西多东少。华东地区的煤炭资源储量的 87% 集中在安徽、山东，而工业主要集中在以上海为中心的长江三角洲地区；中南地区煤炭资源的 72%集中在河南，而工业主要集中在武汉和珠江三角洲地区；西南煤炭资源的 67%集中在贵州，而工业主要集中在四川；东北地区相对好一些，但也有 52% 的煤炭资源集中在北部黑龙江，而工业集中在辽宁。根据《中国煤炭清洁高效可持续开发利用战略研究》[177]中的中国主要盆地和造山带的构造演化历程，以大陆区兴蒙—太行—雪峰山、贺兰—六盘—龙门山两条经向造山带和天山—阴山—图门山、昆仑—秦岭—大别山两条纬向造山带纵横交错的"井"字形盆山耦合构造格局，进一步将其划分为 9 个赋煤分区，形成煤炭资源"井"字形综合区划。其中，①东北区：辽、吉。②黄淮海区：冀、鲁、豫、皖北、苏北。③东南区：闽、浙、赣、鄂、湘、粤、桂、琼、皖南、苏南。④蒙东区：内蒙古东部地区。⑤晋陕蒙宁区：晋、陕北、蒙中、宁东、陇东。⑥西南区：贵、渝、川东、滇东。⑦北疆区：北疆地区。⑧南疆-甘青区：青、陇西（河西走廊）、南疆。⑨西藏区：藏、川西、滇西。

2. 煤炭资源供需矛盾

中国能源供需结构中以煤炭资源为主。中国虽然煤炭资源丰富，且剩余储量居世界第三位，但是储产比较低，仅为 32.5 年，持续供应能力不足，相当于世界平均水平的 30% 左右，同时由于中国人口基数较大，人均煤炭资源占有量相当于世界平均水平的 70%。另外，未来中国能源供应潜力将受到生态环境、开发条件等因素的极大限制，其中煤炭资源开采及利用受地质、水环境约束较大，污染物排放、减排压力更是对煤炭资源的使用带来了很大的限制。与此同时，社会经济快速发展又加速了对能源需求的持续增长，2013 年我国煤炭消费总量达到 34.65 亿 t，相当于 1980 年的 6 倍多水平，中国成了世界最大的能源消费国。根据国家宏观经济、战略发展规划，伴随现代化、全面建设小康社会的程度不断深入，社会经济发展对于能源的依赖度将不断增强；同时我国处于工业化中期发展阶段，高耗能产品在工业产业中的比重仍然较大，工业化和城市化进程也将极大地推动能源需求的持续快速增长。中国能源供应能力远低于未来快速增长的需求，能源对外依存度的不断加大，将对中国能源安全造成巨大威胁。

从煤炭资源供需情况来看，我国煤炭资源需求呈逆向分布的特点。改革开放以来，我国东部、中部和西部地区能源在供需总量上均实现快速增长，由于经济发展水平和资源禀赋的地区间差异，在能源生产上呈西部、中部、东部依次减少的格局，能源消费则呈西部、中部、东部依次增加的特征。中国东部地区经济相对发达，煤炭需求总量较大，但煤炭资源相对贫乏；中西部地区经济总量较小，但煤炭资源丰富。煤炭生产重心随着资源开发不断西移，煤炭生产消费区域的逆向分布更加明显。依据2013年各地区煤炭资源产销差划分全国煤炭供求格局，西北部地区为我国煤炭资源贡献区，其煤炭产量远大于消耗量，西南地区产销基本平衡，产量略低于消耗量，属于煤炭轻耗区，东北部和中部地区属于煤炭中耗区，产销不平衡，而东部地区煤炭供求矛盾十分突出，煤炭消费远大于煤炭生产，属于煤炭重耗区。

3.2 地-矿冲突现状与表现形式

3.2.1 地-矿冲突宏观现状

以上分析表明，土地资源和煤炭资源自身空间分布和供需矛盾本来就十分突出，再将土地和煤炭两种资源叠加到统一立体空间（地上和地下）形成共振效应会进一步激化其冲突和矛盾，因为煤炭资源开采不可避免地会损毁或占用土地资源，并引发一系列社会、经济与生态环境问题。据测算，1987~2020年煤炭生产损毁土地2700.12万亩，待复垦面积为2107.59万亩，复垦潜力巨大，使矿区土地复垦与生态重建已经成为国家生态文明建设和国土综合整治的重要任务之一。另外，根据国家大型煤炭基地建设规划，14个大型煤炭基地广泛分布在晋陕蒙、两淮（淮南、淮北）、云贵、新疆等地，矿区自然地理条件和煤炭赋存条件差异较大，煤炭开采对矿区城镇建设和生态破坏具有地域、地质分异性[178]。在一些矿区生态监测实践中，常观测到不同的生态效应，如在高潜水位矿区，观测到强烈的土地覆盖变化[179]，在西北荒漠矿区，只观测到地下水位下降，却并没有观测到植被覆盖的大面积变化[180]。由此可见，煤炭开采对土地利用与城镇建设产生了较强烈的负面影响，并引起地表沉陷、积水、村庄搬迁，加剧地-矿冲突和矛盾。

就宏观地-矿冲突现状而言，中国煤矿能源开采引起的地-矿冲突呈现区域分异特点：西北地区，煤炭地下井工开采主要引起地表沉陷，进而引发地裂缝和裂纹、水土流失，而露天煤矿开采过程中的土地挖损和压占及煤矸石自燃等土地破坏和生态环境问题十分突出；东部地区，地下煤炭开采主要引发地面下沉积水、耕地损毁较为普遍、村镇和城市建设破坏，以及城镇化建设过程中的煤炭资源压覆等问题较为严重；南部地区，煤炭开采引发的地质灾害如滑坡和泥石流及地下水流失等问题十分突出。

　　政府高层意识到地-矿冲突和矛盾的严重后果，因此针对中国成长型、成熟型、衰退型和再生型四种类型①资源城市的严重煤炭压覆及地-矿冲突难题，2013 年底制定实施了《全国资源型城市可持续发展规划（2013—2020 年）》，并首次明确提出了 10 个资源型城市煤炭塌陷区重点治理工程（考虑本书重点，在此不再赘述，详见《全国资源型城市可持续发展规划（2013—2020 年）》），从而进一步佐证了煤炭城市地-矿冲突的严重形势和调控管理的迫切性。

3.2.2　地-矿冲突表现形式

　　当前地-矿冲突主要表现在煤炭城市经济社会冲突和生态环境冲突两个方面。

1. 经济社会冲突

1）煤炭压覆问题

　　经济的发展离不开能源的支持，中国是典型的以煤炭资源为主要能源的国家，煤炭分别占我国一次能源生产和消费总量的 76% 和 69%。并且国有重点煤矿压煤总量约 138 亿 t，其中建筑物下压煤近 90 亿吨。而随着城镇建设规模不断扩大，实际压煤量必将高于这一数字[181]。以山东、安徽两省为例，两省被城镇建设压覆的煤炭资源量分别占资源储量的 20.4% 和 28.1%。河南煤炭保有储量中的可采部分不足 90 亿吨，其中被压覆的占 30%～40%。如果加上村庄、水体、公路、铁路压煤等历史遗留问题，全部被压覆的资源量占资源储量的比例已经超过 40%。从单座城市或矿井来看，城镇建设对资源压覆的情况更为严重，如山东某市城镇压覆的煤炭资源已经占到可采储量的 46.3%，河北某煤炭企业被压覆的资源量占可采储量的 77%，安徽两淮矿区被压覆资源总量占资源储量的 70%[182]。另外，煤炭压覆区为城镇地区时，首先，城市发展限制资源开采，城市扩张导致的煤炭压覆问题既浪费了国家宝贵的煤炭资源，使资源型城市提前进入衰退期，也不利于城市接续产业的培育；其次资源开采限制城市发展，煤炭资源开发利用引起的地面沉陷、滑坡、矿震、固体废弃物污染、水和大气污染等，给城市带来了大量的公共安全和环境问题；最后城市多年建设形成的大量基础设施和公共服务设施使用期限大幅缩短和报废，给城市和居民带来巨大的经济损失。煤炭压覆区为农村地区时，采煤造成的地表塌陷和煤矸石堆放是耕地损失的原因之一，另外矿区附近

---

　　① 成长型城市资源开发处于上升阶段，资源保障潜力大，经济社会发展后劲足，是我国能源资源的供给和后备基地。成熟型城市资源开发处于稳定阶段，资源保障能力强，经济社会发展水平较高，是现阶段能源资源安全保障的核心区。衰退型城市资源趋于枯竭，经济发展滞后，民生问题突出，生态环境压力大，是转变经济发展方式的重点难点地区。再生型城市基本摆脱了资源依赖，经济社会开始步入良性发展轨道，是资源型城市转变经济发展方式的先行区。

大面积土地塌陷引起的房屋开裂、村庄搬迁和人口迁移等一系列问题已经成为煤炭压覆区重要社会问题。

2）土地损害问题

大规模开采煤炭造成煤炭城市土地塌陷，地表扰动还诱发山体滑坡、崩塌和泥石流等严重的地质灾害。据测算，中华人民共和国成立后矿产资源开发等生产建设活动中的人为因素如挖损、塌陷、占压等造成的破坏废弃土地约达 1330 万 hm^2，占全国耕地的 10%以上[183]。对于井工开采，每采 1 万 t 煤炭就有 0.01～0.29hm^2的土地塌陷，平均为 0.2hm^2的土地塌陷；对于露天开采，平均每 1 万 t 煤破坏土地 0.22hm^2[184]。另外，井工开采造成采空地面塌陷等地质灾害，降低了林地的涵养水源、调节气候等生态功能，影响土地耕作和植被生长，减少土地利用率，加剧水土流失，引发土地沙漠化。据测算，平均每生产 1 亿 t 煤炭资源将造成水土流失影响面积为 245km^2[185]，由此可见煤炭开发利用对土地损毁不容忽视。

3）失地农民问题

资源开采对农村劳动力转移、农业发展、农民增收产生很大影响，生态环境负效应导致矿区农民利益受损，资源收益争夺使得矿企、农民及政府矛盾不断，因而矿区的"三农"（农业、农村、农民）问题尤为突出。资源开采过程反映的矛盾主要包括土地和矿产资源开发的矛盾、土地和农民的矛盾、矿产资源开发与农民的矛盾及企业、农民和政府三者之间的矛盾，且农民是相对弱势群体。在矿区土地征用过程中，必然伴随着大量的农民集体所有土地转变为国有土地行为，在矿区征迁过程中，形成一个新的群体——矿区失地农民，即原先拥有耕地并以其为主要生活来源，后来因矿区生产等而导致土地塌陷，原有耕地数量减少、质量降低和房屋搬迁的农民。对农民而言，失去土地就意味着失去了重要的收入来源，同时也意味着失去了重要的生活保障。据统计，一般生产 1000 万 t 煤炭需迁移大约 2000 人。

2. 生态环境冲突

1）土壤污染问题

煤炭城市矿产资源在开发利用的过程中改变了矿区生态系统的物质循环和能量流动，造成了严重的生态污染和环境破坏。其中，煤炭城市矿区土壤重金属污染是较为严重的问题之一，中国矿区的生态环境当前面临着巨大挑战。据有关报道，中国有大约 300 万 hm^2的土地因矿业开发而受到污染，每年有 3.3 万 hm^2的土地因为采矿而废弃。导致矿区土壤重金属污染主要有两大因素，一是在煤炭开采、加工和消费过程中产生大量的固体废弃物，如煤矸石、粉煤灰等，煤矸石每年的排放量相当于当年煤炭产量的 10%左右，这些固体废弃物中的重金属通过降雨、风化、淋滤等自然作用进入土壤，造成对土壤的污染；二是矿山开采和洗选煤矿过程中排放出的废水中含有大量高浓度的重金属离子，直接排放到土壤环境中造成了严重的重金属污染，直接或间接地破坏着周围的生态环境。土壤重金属污染具有隐蔽性、长期性和不可逆转性，并且重金属难以被微生物分解，加之土壤对重金属元素有明显的富集和运移作用，导致重金属很容易在土壤中富集，并长期残存在土壤环境中。矿区土壤中重金属的存在不仅造成了土壤质量下降、生态系统破坏，更会通过接触、食物链等途径污染农产品，间接威胁人体健康。

2）水污染问题

从矿山开采对水资源环境的影响方面来看，水污染是矿山普遍存在的环境问题。矿山的采掘生产活动同其他生产活动一样，需排放各类废弃物，如矿坑水、废石及尾矿等，这些废弃物的不合理排放、堆存，对矿区及其周围水环境造成了不同程度的污染危害。水污染问题主要表现在煤炭开采阶段的水污染和损耗及运输阶段的水污染两方面。其中，开采阶段的水污染表现在：一是煤炭的开采使地下水位大幅度降低，地面水系枯竭。井工矿和露天矿坑抽排大量地下水，不但导致大面积区域性地下水位下降，破坏矿区水均衡系统，而且会使原来用井泉或地下水作为工农业供水的厂矿、村庄和城镇发生水荒，土地贫瘠，植被退化，加上矿区地表塌陷破坏植被及矿山辅助工程设施的建设，加剧了矿区水土流失。据调查，在全国重点煤矿区中，缺水矿区占71%，其中严重缺水的占40%。水资源的破坏在我国煤炭主要产区的山西、陕西和内蒙古西部尤其严重，对这些地区的生态条件造成不可逆转的破坏性损失。二是煤矿排放的废水污水、煤矸石的堆放经雨淋后的废液渗入地下水系，洗煤废水的排放对水体的污染。一般洗选 1t 原煤用水 $4\sim5m^3$，这些洗选煤水含有大量的煤泥、泥沙等悬浮物，以及大量甲醛和有害重金属[186]，而在煤炭加工过程中每年排出洗煤废水 4000 万 t。另外，矿井水中含盐量和硫酸盐含量大大超过农灌水标准，但一般均被农民引灌，造成土壤板结，破坏农业生态。而煤炭运输阶段的水污染主要表现在：露天储煤场煤炭装卸时所用的降尘洒水、煤堆自燃时灭火用的水、熄焦等冲洗用水未做处理排入江湖河海，也对水体造成污染。堆煤场的淋溶水中含有大量煤粉和各种有毒有害元素，严重污染水环境。

3）植被破坏及大气污染问题

煤炭城市尤其是煤矿区是受人类剧烈的开采活动干扰而形成的脆弱生态系统，煤炭资源的开采势必会增加矿区生态环境负担，使得生态环境不断恶化，进而严重破坏矿区景观生态系统。煤矿区景观受煤炭开采活动的影响，景观中的稳定成分（如植被）与不稳定成分（如土壤）均遭到严重的破坏。一般来说，煤矿开采后煤矿区景观破碎度上升，斑块形状复杂化，景观异质性降低，植被生物量减少。露天开采直接造成矿区动植物毁灭性的破坏，而井工开采对植被的影响主要表现在两方面：一方面是地面建设造成的直接破坏；另一方面是煤矿开采造成地表塌陷从而破坏植被。另外，在矿山生产中，氧化、风蚀作用可使废石堆场、尾矿库成为一个周期性的尘暴源，此外主要尘源还有矿石破碎，筛分和选矿等工序。对于煤矿区，煤矸石山自燃会产生大量的烟尘及 SO_2、NO_x、CO_2、CO 等有毒有害气体，严重污染矿区及周边的大气环境，还会造成矿区附近树草枯萎、农作物减产，对于植物的生长有严重的甚至是灭绝性的毁坏，生态环境遭到破坏。此外矿山对大气的污染还有公路运输时形成的大量扬尘，同时大气污染而使矿区农牧各业受害的情况颇不少见。

3.3　地-矿冲突分区与综合特征

3.3.1　地-矿冲突分区

在地-矿冲突现状分析的基础上，依据《中国煤炭清洁高效可持续开发利用战略研究》[177]划分的煤炭分布"井"字形格局，基于各地区建设用地、农用地、水资源、生态环境等本地数据及地下煤炭特征等实测数据，将中国煤炭"井"字形格局叠加土地、水、地质和城镇发展及环境要素后，进一步综合划分为地（城市建设用地）矿冲突（以下简称地（城）矿冲突）、地（农用地）矿冲突（以下简称地（农）矿冲突）、矿水（资源）冲突和矿灾（地质灾害）冲突等不同冲突类型和分区，具体如下。

1）地（城）矿冲突区域

地（城）矿冲突区域主要分布在东中部沿海发达地区，该区域快速城镇化资源压覆是导致地（城）矿矛盾的重要根源，尤其是中东部平原区煤炭压覆严重，如山东、安徽被城镇村压覆煤炭资源达到 4.27 亿 t 和 6.06 亿 t[187]，并且中东部地区城市选址与矿业权出让存在先天矛盾，大量城市因煤而生，形成资源型城市，其规划新增建设用地也将压覆大量煤炭资源，而资源压覆导致国家宝贵的煤炭资源的浪费，倘若对煤炭进行开采又会造成地面沉降、水和大气污染。因此，该地区土地利用、城镇建设和煤矿开发矛盾十分突出，据此将此区域划分为地（城）矿冲突类型分区。

2）地（农）矿冲突区域

地（农）矿冲突区域主要分布在中部、东北大部及西部局部的农牧业商品粮基地，该地区煤炭保有资源与耕地复合面积占全国耕地总面积的 10.8%[188]，煤炭开采对基本农田的破坏比较严重。如黑龙江松江平原、黑龙江和吉林中部的三江平原、山西的汾河谷地、陕西的关中盆地是中国重要的商品粮基地，历来以产粮为主，粮食商品率较高，有较高的人均粮食占有量和较大的粮食增产潜力。同时，该区域又是我国煤炭资源丰富区，其中山西、陕西总产量超过 0.2 亿 t，煤炭开采活动激烈，对土地资源造成了严重破坏，采煤沉陷地多位于基本农田保护区。因此，该地区国家粮食生产安全与能源供应安全矛盾引起的地（农）矿问题突出，据此将该区域划分矿地（农）冲突类型分区。

3）矿水（资源）冲突区域

矿水冲突区域主要分布在西部和西北干旱、半干旱荒漠区，该区域本身干旱少雨、生态植被贫乏，加上煤矿开采过程中导致裂隙发育、引起隔水层上部的地下水下漏使地下水位下降、土壤含水量减少、墒情变差、影响作物生长，且含有有毒有害矿物的废水对水资源造成污染，从而进一步加剧矿水矛盾。从新疆、内蒙古等地区的煤炭赋存来看，适合露天开采的煤田较多，露天开采以其低成本、高回收率等优势，在西部煤炭开采中占有很高比重。同时西北地区气候干旱，生态脆弱，水资源短缺，煤炭开采进一步加剧水资源供需矛盾。据此将该区域划分为矿水（资源）冲突类型分区。

4）矿灾（地质灾害）冲突区域

矿灾冲突区域主要分布在跨我国第一、第二地形阶梯西南山区地，该区域地形高差大，河谷深切，地貌类型多样，地层岩性复杂，褶皱断裂发育，新构造运动活动强烈，地震活动频繁。而该地区以地下井工开采为主的煤矿开采，造成上覆岩层原始应力的破坏，上覆岩层出现冒落、断裂、离层、弯曲等现象，且该地区雨水充沛，使其成为中国崩塌、滑坡、泥石流等山地灾害较为严重的地区之一，据此将该区域划定为矿灾（地质灾害）冲突类型分区。

5）其他冲突区域

以上分区类型之外的其他地区，如西藏地区地广人稀，煤矿开采活动不活跃，地-矿、矿灾、矿水冲突和矛盾不突出，据此划定其他冲突分区类型。

3.3.2　分区综合特征

基于中国煤炭资源地质总局汇总的全国 30 个省（自治区、直辖市）（上海未发现煤炭资源）2009 年煤炭地质评价报告的统计数据，叠加土地整理重点区域图（2006～2020 年）矢量化结果，按照煤炭资源"井"字形格局进行数据整理，考虑各地区煤层厚度和开采深度的不同，煤炭开采对地表的影响差异显著，因此基于已利用资源量和相关文献[178-185]确定的各地区万吨煤塌陷系数计算出土地损毁面积，如表 3-3 所示。从表中数据可看出，保守估计全国因煤炭开采损毁土地面积 4764.64 万 hm²，其中，晋陕蒙宁区土地损毁范围最大，已损毁土地面积 637.81 万 hm²，预计损毁土地面积达到 3079.93 万 hm²，其次为蒙东区，已损毁土地面积 64.04 万 hm²，预计损毁土面积达到 912.48 万 hm²。

表3-3　"井"字形区划格局下我国煤炭资源和土地损毁分布情况

编号-分区	资源总量/10^8t	累计探明资源量/10^8t	保有资源量/10^8t	已利用资源量/10^8t	万吨煤塌陷系数	已损毁土地面积/万 hm^2	预计土地损毁面积/万 hm^2
①东北区	649.61	369.58	325.08	153.68	0.20	30.74	65.02
②黄淮海区	3650.28	1820.54	1604.76	513.88	0.20	102.78	320.95
③东南区	318.06	132.46	103.29	40.84	0.20	8.17	20.66
④蒙东区	4418.58	3167.51	3146.47	220.83	0.29	64.04	912.48
⑤晋陕蒙宁区	24148.40	10869.33	10620.44	2199.34	0.29	637.81	3079.93
⑥西南区	3814.06	1173.36	1116.74	174.89	0.10	17.49	111.67
⑦北疆区	17955.69	2111.17	2097.85	642.81	0.10	64.28	209.79
⑧南疆-甘青区	3244.82	438.44	419.53	89.07	0.10	8.91	41.95
⑨西藏区	61.28	26.35	21.94	5.03	0.10	0.50	2.19
全国	58260.78	20108.72	19455.89	4040.37	0.20	934.71	4764.64

资料来源：《中国煤炭清洁高效可持续开发利用战略研究》。

注：万吨煤塌陷系数参考《煤炭真实的成本》和相关文献[178-185]确定。

鉴于本书研究对象为煤炭城市地-矿冲突，基于地-矿冲突现状及分区结果，以下主要选择晋陕蒙宁区和黄淮海区尤其是典型煤炭城市较为严重的地（城）矿和地（农）矿冲突进行深入探索。结合中国地-矿冲突类型及其分区叠加土地整理空间分布，总结本书所选研究区地-矿冲突的整体特征如下。

1）地（农）矿冲突区域特征

晋陕蒙宁区累计探明储量10869.33亿 t，已利用资源量2199.34亿 t，已损毁土地面积637.81万 hm^2，土地整理面积145hm^2。东北区累计探明储量369.58亿 t，已利用资源量153.68亿 t，已损毁土地面积30.74万 hm^2，土地整理面积4323hm^2。

2）地（城）矿冲突区域特征

黄淮海区累计探明储量1820.54亿 t，已利用资源量513.88亿 t，已损毁土地面积102.78万 hm^2，土地整理面积4395hm^2。东南区累计探明储量132.46亿 t，已利用资源量40.84亿 t，已损毁土地面积8.17万 hm^2，土地整理面积5971hm^2。

至此，以上研究从宏观层面回答了中国土地和煤炭两种资源分布现状、供求矛盾及其地-矿冲突现状和表现形式，并进行了地-矿冲突类型划分和综合分区，能够为接下来的煤炭城市微观调研提供良好的研究基础和定量指导。

3.4　地-矿冲突微观调研——以济宁市矿城冲突为例

3.4.1　地-矿冲突基本现状

鉴于快速城镇化过程中煤炭城市严重资源压覆的现实问题和化解地-矿冲突的迫切性需求，在 3.2 节和 3.3 节地-矿冲突现状分析和综合分区结果指导下，本节特从微观层面选取地（城）矿冲突较为严重的典型煤炭城市——济宁市（区位图如图 3-3 所示，济宁市属黄淮海区），并采用问卷调查方式和构建测算模型方法深入调研测算煤炭城市地-矿冲突基本现状和主要认知。

山东省省界线
济宁市

图 3-3　济宁市区位图

如图 3-4 所示，济宁市现有煤炭生产矿井 43 对、在建矿井 11 对，设计生产能力 8769 万 t，加上井口在境外的 9 对矿井，年产原煤近亿 t。每年采煤造成的土地塌陷达 3～5 万亩，目前全市已累计塌陷 63 万余亩，涉及 11 个县市区、30 多个乡镇、400 多个村庄。

据省政府不同部门批准的《济宁市土地利用总体规划（2006-2020 年）》（国土部门）、《济宁市城市总体规划（2014-2030 年）》（城建部门）、《济宁市矿产资源总体规划（2006-2020 年）》（发改部门），到 2030 年济宁市中心城区用地规模为 160km²（以城市总体规划为依据），该区域内总体含煤面积约 120km²，占总面积的 75%，即新增建设用地几乎全部压煤（图 3-5）。因此，济宁市中心城区地-矿冲突及矛盾十分突出。

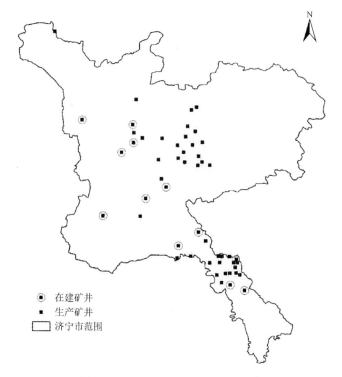

图 3-4　济宁市煤炭矿井空间分布图

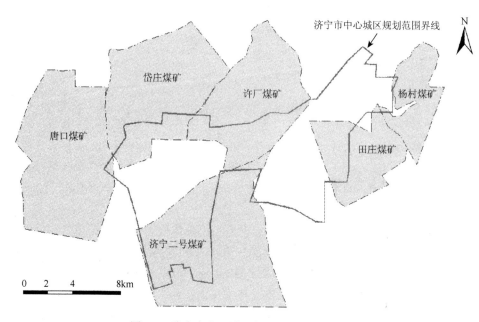

图 3-5　济宁市中心城区规划与煤矿开采范围

3.4.2　地–矿冲突感性认知

1. 区域选择与问卷设计

1）区域选择

本次问卷调查选择济宁市中心城区、矿区周边地区、矿区职工生活区、鲁南院、济宁二号井、唐口煤矿和岱庄煤矿 7 个区域作为调查区域，选择这几个区域来调查主要是基于以下几点考虑：其一，为了问卷调查的公平性和有效性，调查区域必须包括煤矿开采最大受益区域（济宁二号井、唐口煤矿、岱庄煤矿）、煤矿开采对其造成严重负面影响区域（矿区周边地区、济宁市中心城区）和中立者所在区域（鲁南院、矿区职工生活区）；其二，所有调查区域都是与本书研究主题息息相关的区域，这些区域里面的居民或者工人对煤炭开采或土地开发利用的利与弊都有着切身的感受，这使得调查问卷更加具有真实性；其三，从可行性上考虑，对以上 7 个区域均有一定的前期的研究，积累了较为全面的基础资料，能够为后期问卷的统计和结果分析提供数据支撑。

2）调查问卷设计

调查问卷设计围绕煤炭开采对当地的经济产出价值、生态环境价值、社会文化价值方面的贡献展开，并在能够满足定性判断煤炭开采影响矿区经济、环境和社会效益的基础上，定量测度矿产开采的合理性。因此设计问卷的基本内容包括：①受访者的基本信息，包括受访者的性别、年龄、文化程度、工作时间等；②矿区工人平均工资、济宁市工人平均工资、矿区单位福利、市区单位福利及非工资收入的差别；③矿区空气质量、矿区地表损失、矿区土地复垦与整理等情况；④矿区教育、矿区基础设施、矿区就业机会等。具体问卷设计式样见附录 1。

2. 调查样本特征分析

1）样本分布

在前期调研研讨的基础上，分别于 2014 年 1 月 5～7 日和 2014 年 1 月 26～28 日赴所选样本区域，对济宁市中心城区、唐口煤矿、岱庄煤矿、济宁二号井、矿区职工生活区、矿区周边地区及鲁南院的员工、矿上员工或管理者、矿区周边居民及相关科研行政机构进行随机抽样调查。考虑到矿上员工或管理者和相关科研行政机构人员的年龄、性别分布特点，在问卷调查访谈时以在该区域内工作生活时间大于 10 年的男性为主要调查对象。而对城市普通居民和矿区周边村民进行调查时则特别结合市民和村民的年龄、文化程度、居住时间等特征随机抽取。本次调研共发放问卷 360 份，获得有效问卷 313 份，约占调查问卷总量的 86.94%。在有效问卷中，济宁市中心城区 82 份，占 26.20%；唐口煤矿 25 份，占 7.99%；

岱庄煤矿 30 份, 占 9.58%; 济宁二号井 30 份, 占 9.58%; 矿区职工生活区 51 份, 占 16.30%; 矿区周边地区 72 份, 占 23.00%; 鲁南院 23 份, 占 7.35%。被调查访谈者中城市普通居民和矿区周边村民占 49.20%; 矿上员工或管理者占 43.44%; 科研行政机构人员占 7.36%, 实现了各调研主体的合理分布, 如表 3-4 所示。

表 3-4　调查样本分布

研究区域	济宁市中心城区	唐口煤矿	岱庄煤矿	济宁二号井	矿区职工生活区	矿区周边地区	鲁南院
发放问卷/份	100	30	30	30	60	80	30
有效问卷/份	82	25	30	30	51	72	23
比例/%	82.00	83.33	100.00	100.00	85.00	90.00	76.67

注: 资料来源于调查问卷统计结果, 下面未作特殊说明的, 资料来源与本表相同。

2) 样本特征分析

通过对 313 个有效调查样本的分析, 可知样本基本上呈现出较为合理的比重, 具体样本特征如表 3-5 所示。

表 3-5　调查样本特征

研究区域		济宁市中心城区		唐口煤矿		岱庄煤矿		济宁二号井		矿区职工生活区		矿区周边地区		鲁南院	
		数量/人	比例/%	数量/人	比例/%	数量/人	比例/%	数量/人	比例/%	数量/人	比例/%	数量/人	比例/%	数量/人	比例/%
年龄	20~30 岁	28	34.15	10	40.00	7	23.33	3	10.00	33	64.71	6	8.33	7	30.43
	30~50 岁	30	36.58	14	56.00	20	66.67	25	83.33	17	33.33	42	58.33	16	69.57
	>50 岁	24	29.27	1	4.00	3	10.00	2	6.67	1	1.96	24	33.34	0	0
性别	男	60	73.17	25	100.00	28	93.33	17	56.67	50	98.04	37	51.29	16	69.57
	女	22	26.83	0	0	2	6.67	13	46.33	1	1.96	35	48.61	7	30.43
文化程度	初中以下	27	32.93	3	12.00	3	10.00	0	0	0	0	55	76.39	0	0
	高中~大专	55	67.07	11	44.00	11	36.67	29	96.67	51	100.00	17	23.61	5	21.74
	大专以上	0	0	11	44.00	16	53.33	1	3.33	0	0	0	0	18	78.26
工作时间	<10 年	32	39.03	17	68.00	7	23.33	6	20.00	47	92.16	9	12.50	8	34.78
	10~30 年	37	45.12	8	32.00	20	66.67	22	73.33	4	7.84	48	66.67	13	56.52
	>30 年	13	15.85	0	0	3	10.00	2	6.67	0	0	15	20.83	2	8.70

为使调查结果更为科学有效, 问卷随机调研中, 充分考虑调研对象的年龄、性别、文化程度及在该区域内工作生活时间等样本特征, 并对收回的样卷中内容填写

不完整和填写内容虽然完整、但前后存在严重逻辑矛盾的问卷予以剔除。表 3-5 调查样本特征统计显示，如济宁市中心城区年龄在 30～50 岁的受调研者占有效问卷总量的 36.58%；被调研者的文化程度集中在高中以上，占有效调查问卷总量的 67.07%；在该区域内工作生活时间在 10～30 年的受调研者占有效调查问卷总量的 45.12%；调查样本以男性为主体，占有效调查问卷总量的 73.17%。该统计结果符合本次调研预期的分布情况，从样本特征的统计结果来看，本次调研结果相对可靠。

3. 感性认知测度

从总体上看，城市普通居民、矿区周边村民和鲁南院的员工对矿产开采带来的经济发展、社会文化和生态环境的影响的感性认知大体一致。而从调查结果来看，矿上的员工或管理者（简称矿上）、城市普通居民、矿区周边村民（简称市民和村民）以及鲁南院员工（简称鲁南院）在一些问题认知上存在不同看法。出现这种结果与一些客观因素及他们自身的利益有着直接的关系。调查的具体统计情况如表 3-6 所示。

表 3-6　矿产开采感性认知表

因素	问题	答案	市民和村民		矿上		鲁南院	
			人数	比例/%	人数	比例/%	人数	比例/%
经济发展	矿产开采是否带动当地经济发展	是	150	97.40	135	99.26	23	100.00
		否	4	2.60	1	0.74	0	0.00
	城市建设与矿产开采哪个更有利于经济发展	城市建设	100	79.37	30	26.32	11	64.71
		矿产开采	26	20.63	84	73.68	6	35.29
生态环境	矿区与济宁市哪里的空气质量更好	矿区	9	7.14	62	72.09	3	37.50
		济宁市	117	92.86	24	27.91	5	62.50
	矿产开采对矿区周边水质、土壤有什么影响	没有	10	6.49	45	33.09	3	13.05
		污染较小	31	20.13	69	50.73	7	30.43
		污染较大	98	63.64	11	8.09	12	52.17
		不清楚	15	9.74	11	8.09	1	4.35
社会文化	愿意居住在哪里	矿区周边	15	9.74	26	19.12	6	26.09
		济宁市小区	136	88.31	90	66.18	9	39.13
		其他地方	3	1.95	20	14.70	8	34.78
	矿区就业机会大还是济宁市就业机会大	矿区	12	7.79	46	33.82	8	34.78
		济宁市	120	77.93	71	52.21	8	34.78
		基本相同	13	8.44	8	5.88	4	17.39
		不清楚	9	5.84	11	8.09	3	13.05

续表

因素	问题	答案	市民和村民		矿上		鲁南院	
			人数	比例/%	人数	比例/%	人数	比例/%
综合	是否接受在济宁市规划区下面进行矿产开采	接受	40	25.97	90	66.18	2	8.70
		不接受	92	59.74	23	16.91	18	78.26
		无所谓	14	9.09	7	5.15	0	0
		比较矛盾	8	5.20	16	11.76	3	13.04
	济宁市规划区内应优先发展城市建设或矿产开采	城市建设	126	81.82	93	68.38	18	78.26
		矿产开采	18	11.69	24	17.65	1	4.35
		都行	7	4.54	10	7.35	0	0
		不清楚	3	1.95	9	6.62	4	17.39
	开矿是否有不好的影响	是	141	92.76	113	83.70	23	100.00
		否	11	7.24	22	16.30	0	0

如表 3-6 所示,本书从经济发展、生态环境、社会文化和综合四个方面列出了调查问卷的感性统计情况:①在经济发展方面,三个区域的调查者以不少于97.40%的比例认为矿产开采可以带动城市经济发展,城市普通居民、矿区周边村民和鲁南院员工中分别有 79.37%和 64.71%的人认为城市建设较开矿更有利于经济增长,矿上方面则有 73.68%人认为矿产开采更有利于区域经济增长;②在生态环境方面,城市普通居民、矿区周边村民和鲁南院员工中分别有 63.64%和 52.17%的人认为矿产开采对矿区空气、水质和土壤有负面的影响,矿上则有 50.73%人的观点与之相反;③在社会文化方面,三个区域的调查者中分别有 88.31%、66.18%和 39.13%的人更加愿意居住在济宁市的小区内,而不是矿区周边。分别有 77.93%、52.21%和 34.78%的人认为济宁市的就业机会要好于矿区;④三个区域的调查者中大部分人认为济宁市规划区内应该进行城市建设,开矿存在不良影响,城市普通居民、矿区周边村民和鲁南院员工中绝大部分人(59.74%、78.26%)认为济宁市规划区内不应该进行矿产开发,而矿上方面调查者的观点恰好相反,有 66.18%的人能够接受在济宁市规划区内进行矿产开采。

以上分析表明,虽然各方大都认为煤炭开采的确能够推动城市经济发展,但是煤炭城市地-矿冲突感性认知和调控方向存在较大差异。其中冲突区域市民和农民与中立机构鲁南院更多认为煤炭开采活动对自身生产、生活带来负面影响并支持地上城镇建设和更愿意在济宁小区而非矿区居住生活,矿上员工或管理者可能更多地从自身企业利益考虑,有 73.68%人认为煤炭开采更有利于区域经济增长,并认为应该在济宁市规划内进行采矿活动。因此,为准备判断化解地-矿冲突的科学路径,有必要在感性认知的基础上进行理性分析判断。

3.4.3　地-矿冲突理性认知

1. 测度思路与模型构建

在测算地-矿冲突及其煤矿开采合理性的过程中，主要从矿产开采对当地的经济产出价值、生态环境价值、社会文化价值三个方面入手，分别建立济宁矿区与济宁市区相对比的经济产出模型、生态环境模型和社会文化模型，进而对煤炭开采的合理性进行定量表达。

1）经济产出模型

矿区矿产开采具有造福一方的作用，能显著促进矿区的经济发展。此方面的显化主要是由矿区与市区工人的平均工资、单位福利及非工资收入共同决定。因为工人工资是保障工人生活的前提，单位福利是提升工人收入的关键，而非工资收入是矿区与市区相比的特色收入。因此，量化矿区与市区经济产出的模型首要选用工人平均工资、单位福利及非工资收入这三个指标，进而测算每年每人的经济产出值（单位：元/人），模型如下。

$$V_1 = \sum_{i=1}^{n} a_i A_i + \sum_{i=1}^{n} b_i B_i + \sum_{i=1}^{n} c_i C_i \tag{3-1}$$

式中，V_1 代表经济产出价值；$\sum_{i=1}^{n} a_i A_i$、$\sum_{i=1}^{n} b_i B_i$、$\sum_{i=1}^{n} c_i C_i$ 分别代表工人平均工资、单位福利及非工资收入的加权平均数结果；a、b、c 分别代表工人平均工资、单位福利及非工资收入权值。

2）生态环境模型

煤矿开采在促进当地经济发展的同时，也极大地破坏了当地的生态环境。与市区环境相比，矿区生态环境存在众多问题，特别是大气污染、土地损失等问题。矿产开采释放大量有毒气体到大气中，使当地居民苦不堪言，而矿产开采引起的岩层移动又使得土地塌陷与破坏。因此，量化矿区与市区相比的生态环境模型主要考虑大气治理费用、矿产开采引起的土地损失及土地整理与复垦这三个方面，进而推算矿区与市里相比的生态环境损失值，模型如下。

$$V_2 = \frac{P_d \times D}{N} + \sum_{i=1}^{n=2} \frac{P_i \times E_i \times m_i}{N} + \frac{P_f \times F}{N} \tag{3-2}$$

式中，V_2 代表生态环境价值；N 代表调查总人数；$P_d \times D$ 代表选择治理大气的总费用；$P_f \times F$ 代表给当地造成的其他损失的总费用；P_1、P_2 分别代表选择损失耕地和需要复垦的人数；E_1、E_2 分别代表选择损失耕地和需要复垦的亩数；m_1、m_2 分别代表单位耕地年产值和单位复垦费用（元/亩）。

3）社会文化模型

矿区是社会发展产生的一个人口聚集地，是社会的产物。在其发展过程中，矿产资源开采的背景给矿区文化烙上了一个与众不同的标志，矿区具有自己的社会文化特征。本书采用替代法选用矿区居住文化价值、基础设施价值与就业机会价值来反映矿区的社会文化价值，进而测算矿区与市里相比的社会文化价值，量化模型如下。

$$V_3 = \frac{P_g \times G}{N} + \left[\frac{H_B}{N} \times L_2 - \frac{H_A}{N} \times L_1 + \frac{H_C + H_D}{N} \times (L_2 - L_1) \right] + \frac{P_i \times I}{N} \quad (3\text{-}3)$$

式中，V_3 代表社会文化价值；N 代表调查总人数；$P_g \times G$ 代表房屋受损给当地造成损失的总费用；$P_i \times I$ 代表加大基础设施投资的总费用；H_A、H_B、H_C、H_D 分别代表调查问卷中第三部分第 5 题选择 A，B，C，D 的人数；L_1 代表当地职工平均工资；L_2 代表济宁市职工平均工资。

4）总价值合理性模型

根据上述测度思路及三个模型构建，可得矿区开采的合理性模型。

$$V_\text{总} = V_1 - V_2 - V_3 \quad (3\text{-}4)$$

根据式（3-4）可以判断总价值的正负，若为正，说明当地煤矿开采使居民满意度提高；若为负，说明当地煤矿开采使居民满意度降低。

2. 理性认知测度

1）煤炭开采效益测度

将经济产出、生态环境价值和社会文化价值问卷调查数据代入式（3-4）得到，济宁市中心城市、矿区周边居民、矿区职工生活区、济宁二号井、鲁南院及岱庄煤矿认为开采有益，价值分别为每人 4790.12 元/月、5262.81 元/月、2499.85 元/月、2022.85 元/月、7076.27 元/月、98.77 元/月；而唐口煤矿认为建设城市有益，其价值为 1038.75 元/月，如表 3-7 所示。

表 3-7　矿产资源开采理性分析　　　　　　　　（单位：元/月）

调查对象	经济发展	生态环境	社会文化	综合
济宁市中心城市	2396.34	58.43	2452.21	4790.12
矿区周边居民	2479.17	78.80	2862.45	5262.81
矿区职工生活区	215.69	56.74	2340.91	2499.85
济宁二号井	−1666.67	39.65	3729.17	2022.85
唐口煤矿	380.00	53.13	−1365.63	−1038.75
鲁南院	7021.74	80.75	135.28	7076.27
岱庄煤矿	3000.00	49.31	−2851.92	98.77

从以上可以看出，矿产资源开采能有效促进经济的发展。将以上数据进行均值化处理，得到煤矿开采给每人每月带来的价值为 2958.85 元。

2）煤炭开采价值转换模型

以上煤炭开采价值是煤矿开采给每人每月带来的价值，而土地的效益指标是每平方米的地价。现在要把二者统一到同一个量纲上才能进行比较，故设计以下转换模型将煤炭开采的效益也转换到每平方米上来。转换模型为式（3-5）～式（3-7）：

$$CV = V_{均} \times M \times S \times 12 \tag{3-5}$$

式中，CV 代表压覆区煤炭开采每年的总价值；$V_{均} = 2958.85$ 元/月，为煤炭开采给每人每月带来的价值；M 代表每平方米的人口密度；S 代表压覆区总面积。根据经济学上的折现公式，按照 3%的通货膨胀率，可得到压覆区煤炭带来的总效益 TCV。

$$TCV = \frac{CV \times \left[1 - \left(\dfrac{1}{1.03} \right)^{T} \right]}{1 - \dfrac{1}{1.03}} \tag{3-6}$$

式中，T 代表压覆区煤炭开采的测算时间，单位为年。

用压覆区煤炭带来的总效益除以压覆区总面积 S，得到每平方米的煤炭带来的效益 PCV，这样就可以和土地每平方米的效益比较了。

$$PCV = \frac{TCV}{S} \tag{3-7}$$

3）压覆区矿产可开采年限测算

根据压覆区各个煤矿的资源储量、可开采率和每年的年产量，可以计算出每个煤矿开采的年限，然后均值化得到压覆区煤矿的平均开采年限。计算所需数据如表 3-8 和表 3-9 所示。

表 3-8　各煤矿可开采率计算表

煤矿名称	地质储量/万 t	可采储量/万 t	可开采率/%
岱庄煤矿	36854.7	8012.6	21.7
唐口煤矿	76633.1	15294.1	20.0
田庄煤矿	3084.0	1788.0	58.0
许厂煤矿	31222.0	8263.4	26.5
济宁二号井	83336.6	40424.8	48.5
杨村煤矿	9241.6	4824.2	52.2
安居煤矿	21314.2	3282.0	15.4

表 3-9　煤炭开采年限测算基础数据表

煤矿名称	压覆区压煤量/万 t	可开采率/%	可采量/万 t
岱庄煤矿	24402.0	21.7	5295.2
唐口煤矿	8321.7	20.0	1664.3
田庄煤矿	3277.8	58.0	1901.1
许厂煤矿	14884.3	26.5	3944.3
济宁二号井	38439.6	48.5	18643.2
杨村煤矿	267.7	52.2	139.7
安居煤矿	333.0	15.4	51.3

资料来源：济宁市中心城区压覆区涉及生产矿井基本信息表。

由表 3-8 和表 3-9 计算得到表 3-10，对各个煤矿压覆区资源可开采年限均值化后得到压覆区煤矿开采年限约为 13.32 年，即 T 为 13.32 年。

表 3-10　煤矿开采年限计算表

煤矿名称	可采量/万 t	年开采量/万 t	可开采年限/年
岱庄煤矿	5295.2	300	17.7
唐口煤矿	1664.3	500	3.3
田庄煤矿	1901.1	90	21.1
许厂煤矿	3944.3	320	12.3
济宁二号井	18643.2	500	37.3
杨村煤矿	139.7	115	1.2
安居煤矿	51.3	150	0.3

4）矿产-土地资源开发综合效益的比较

根据式（3-5）～式（3-7），且 $M = 0.0008$ 人/m^2（M 值可由济宁市 2012 年末总人口 847.08 万人除以土地总面积 10685km^2 得到，约为 0.0008 人/m^2），$V_{均} = 2958.85$ 元/月，$T = 13.32$ 年，计算得到煤炭开采效益 PCV $= 315.11$ 元/m^2（已经折现到目前的价值），煤炭开采每平方米的效益明显低于第 7 章中所测算的缓采区边界附近土地平均价值（506 元/m^2）。因此，缓采区边界内的区域用于土地开发利用会带来更大的综合效用价值。

3.5　地-矿冲突动因与策略选择

要讨论破解煤炭城市地-矿冲突问题的有效途径，首先必须从理论上分析并回答造成以上矛盾和冲突的主要原因，在学习借鉴已有学者研究成果[10,35,187,189]的基础上，本书认为造成煤炭城市地-矿冲突主要有以下三个原因。

首先，城市依附煤矿而建是地-矿冲突的先天原因。我国许多煤炭城市的基本格局是在 1937～1945 年日伪当局的经济掠夺和殖民统治的基础上奠定的，城市随矿而建，工矿与居民混杂，甚至将城市的重要建筑设置在煤层上，导致城市整体布局畸形，埋下了严重的安全隐患。中华人民共和国成立后，为了迅速发展经济，许多城市都是依附煤矿发展建设，甚至部分城市的前身就是煤矿区，很多城市就建在煤矿区范围之内。因此，较多煤炭城市从起步就与煤矿有着先天性的矛盾和冲突，并且伴随着煤矿生产，城市的空间也在不断拓展，导致煤炭资源被占压，而 1996 年《中华人民共和国矿产资源法》完善之前，国家及地方政府划定煤矿范围时缺乏统一规划，也为日后城市建设和矿产资源开发矛盾发生埋下隐患。另外，许多原本认为没有可采价值的区域，经企业许可在地面进行了城市建设，然而伴随探矿技术的进步、对后备资源勘探力度的加强，又有了重要的储量发现，但是已经被城市建设所压覆，并成为地-矿纠纷的重要原因。

其次，同位资源权属分割是地-矿冲突的制度原因。由于我国当前制度对煤炭城市在同一地块立体空间上设计了地上土地开发和地下煤炭开采两个利益诉求完全不同的权属主体，且政策层面上并没有具体规定谁有优先权，因此两者的利用与开采对双方产生较大影响。一方面，煤炭企业作为追求利润最大化的经济实体，其生产行为主要在地下进行，隐蔽性很强，而在企业越界越层开采可以获得巨大的经济利益、当地政府又难以对其实施有效监管从而规避其负外部性的情况下，煤炭企业利用信息不对称的优势大都越界越层开采，最终导致城市地表塌陷、区域生态恶化。另一方面，地面上的地方政府、企事业单位和居民，共同的利益诉求使地面各主体之间存在"合谋"采取集体行动的逻辑，即在地方政府急需追求GDP 政绩驱使下，默许许多企事业单位和项目业主还没有严格遵守压覆资源的相关报批程序，就急于施工造成事实上的压覆，给煤炭企业带来损失；另外，城乡居民也会根据煤炭资源分布和蕴藏特点，在煤炭企业尚未征用的土地上，通过"抢盖、抢建、抢搭、抢种"，向企业漫天要价，极大地增加企业的搬迁成本，从而不断激化地-矿冲突的社会矛盾。

最后，立体空间管控滞后是地-矿冲突的根本原因。由于当前国家发展和改革委员会负责煤炭矿区规划的审批，并确定"地下"煤炭资源的开发主体；省级或市级政府负责审批区域发展涉及的项目建设规划，地方国土资源管理部门确定"地上"土地资源的开发主体。而同一立体空间上不同部门分别审批和制定本部门规划，各规划技术规定难以衔接。如《中华人民共和国城乡规划法》没有对资源压覆做出明确规定，城市总体规划在"四区"划定和空间管制研究技术指南中，只是将地下矿产资源密集的区域作为限建区，并无明确"四区"划定的依据，更未考虑煤炭企业矿业权对城市拓展和空间管制的影响；在《全国矿产资源规划（2008—2015年)》中，在禁勘禁采、限勘限采区划分过程中，没能明确禁、限采划分依据，更没有提及城镇及其规划区对设置矿权的影响；土地利用总体规划以耕地保护为出发点，并通过控制城乡建设用地总量、对建设用地指标依行政层级分解和落实，是土地利用总体规划编制的技术特点，也是其权威性的主要体现，至于与建设用地增量相对应的空间"坐标"，并不是其关注的重点。由此可见，立体空间管控滞后，造成煤炭矿区所在城市的发展规划与土地资源和煤炭资源开发规划并不统一，实施主体也不相同，引发诸多问题有其机制上的必然性。

如图3-6所示，就我国煤炭城市地-矿冲突成因而言，城市依附煤矿而建具有先天内生性，是历史遗留问题，也是世界性难题，通常没有几代人的努力难以好转和根本解决，对此世界性难题本书不予深入讨论；而同位资源权属分割具有后天外生性，一般通过制度创新能够首先从法律层面上理顺权属分割问题，然而现实操作过程中往往需多方利益主体长时间博弈才能达到均衡，交易成本极高，短期彻底破解地-矿冲突矛盾的希望较小，对此现实难以实施的问题，本书主要从宏观层面定量比较土地和煤炭两种资源对城镇发展的相对重要性，以便为矿区冲突治理提供宏观参考和制度创新依据。相比较而言，立体空间管控滞后短期治愈的可能性较大，原因有四：其一，以"三加"为主要特征的地-矿冲突日益恶化态势，迫使尽早开展立体空间管控；其二，以德国为代表的空间管控理论较为成熟、技

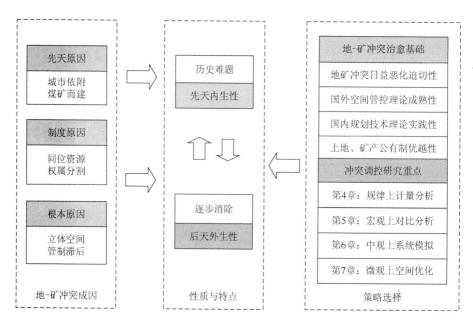

图3-6 煤炭城市地-矿冲突治理分析框架

术手段十分先进，对我国具有较高的国际借鉴意义；其三，我国土地、煤炭和城市等规划已经实施多年，虽然协调性有待提高，但规划理论和技术方法日趋成熟，播种立体空间规划管控种子的土壤已经十分肥沃；其四，与私有制国家不同的是，我国土地和矿产公有制的优越性在于能够通过政府空间管制短期内实现地-矿统筹。基于以上分析，考虑同时消除所有地-矿冲突的困难性，故此按照"由易到难、重点突破"原则，第 4 章在计量城镇发展与地-矿关系一般规律的基础上，特分别基于宏观需求、中观供给、微观管制调控 3 个层面，安排第 5～7 章研究内容，分别从煤炭消费需求、土地综合承载力和立体空间优化等方面寻求化解地-矿冲突的调控机制和管制对策。

3.6 本 章 小 结

本章在把握地-矿资源分布特征和供需矛盾的基础上，总结地-矿冲突基本现状及其表现形式，进而进行地-矿冲突宏观类型分区和综合特征分析，并对地（城）矿冲突较为突出的煤炭城市——济宁市，从微观角度测度地-矿冲突现状和基本认知，最后进行地-矿冲突动因分析和策略选择，得出以下研究结果。

（1）地-矿冲突现状分析判断，土地资源和煤炭资源空间分布和供需矛盾自身就十分尖锐，将土地和煤炭两种资源统一叠加到立体空间（地上和地下）形成共振效应进一步激化了地-矿冲突和矛盾，并造成城镇煤炭压覆、煤炭开采损害土地、农民失地、土壤/水/大气污染等一系列地-矿社会、经济与生态环境问题，而且中国地-矿冲突呈现区域分异特点并可划分为地（农）矿冲突、地（城）矿冲突、矿水（资源）冲突和矿灾（地质灾害）冲突四种类型。其中东北区、晋陕蒙宁区主要呈现地（农）矿冲突，黄淮海区和东南区主要呈现地（城）矿冲突，蒙东区、北疆区和南疆-甘青区矿水（资源）冲突严重，西南区煤炭开采引发的矿灾（地质灾害）较为突出。

（2）典型城市地-矿冲突测度，虽然感性认知认为单独的地下煤炭开采和单独的地上土地利用及其城镇建设都对经济发展具有重要推动作用，然而社会公众、煤矿企业和中介机构对地-矿冲突选择认知差异较大，煤炭企业及其员工更多支持采矿活动，反对城镇建设和经济发展压覆大量煤炭资源，而更多社会公众和科研管理层则反对采煤活动，支持地上建设和区域土地利用环境改善。理性认知测度表明，煤矿开采给每人每月的确带来 2958.85 元综合效用价值，即转化为单位土地面积的综合效用为 PCV = 315.11 元/m²，该综合效用价值明显低于第 7 章中测算缓采区边界的地上土地资源平均价值（506 元/m²），因此，缓采区边界内的区域用于土地开发利用会带来更大的综合效用价值。

（3）地-矿冲突动因分析表明，城市依附煤矿而建是地-矿冲突的先天原因，大多数煤炭城市从起步就与煤矿有着先天性的矛盾和冲突，并且伴随着煤矿生产，城市的空间也在不断拓展，导致了煤炭资源被占压；同位资源权属分割是地-矿冲突的制度原因，因为当前制度对煤炭城市在同一地块立体空间的地上土地开发和地下煤炭开采，存在至少两个利益诉求完全不同的权属主体而不断激化地-矿冲突；立体空间管控滞后是地-矿冲突的根本原因，造成煤矿区所在城市的发展规划与土地资源和煤炭资源开发规划不统一，实施主体也不同，引发诸多地-矿冲突问题有其机制上的必然性。

第4章　城市发展与地-矿关系计量：调控的基础

要寻求化解煤炭城市地-矿冲突的调控策略，首先必须把握城市发展与地-矿资源开发利用的一般规律。鉴于此，在第3章分析地-矿冲突特征和理论动因的基础上，本章将土地利用和煤炭开发纳入城镇发展统一研究框架，通过改进 C-D 生产函数，首先从宏观层面和需求视角定量表达煤炭消费及土地利用对城市发展贡献额度和作用方向，然后从微观层面和供给视角具体分析典型城市煤炭生产、土地投入对其发展的定量贡献，以便在城市经济发展与地-矿供求规律指导下，为煤炭城市最终化解"三加"特征的地-矿冲突，提供要素供求宏观调控层面的决策参考和定量依据。

4.1　分析框架与研究思路

4.1.1　分析框架

土地和煤炭两种资源对经济发展均发挥了重大作用，考虑中国经济发展的不均衡性及异质性，基于投入产出的经济学视角，构建了如图 4-1 所示的"压力—状态—响应"的分析框架，将土地资源和煤炭资源纳入统一 C-D 生产函数判断其对城市经济发展的贡献度。

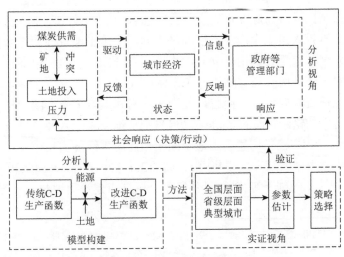

图 4-1　城市发展与地-矿的关系计量分析框架

如图 4-1 所示，在地-矿利用现状冲突基础上，通过改进传统 C-D 生产函数模型，将土地、煤炭两种要素统一纳入 C-D 生产函数模型，并从全国、省级及典型煤炭城市三个层面进行实证分析，其中全国及省级实证分析主要基于需求视角计量地-矿要素开发利用对城市经济发展的作用情况，典型城市实证分析主要基于供给视角计量土地利用与煤炭开采对城市发展的贡献强度。因此，从不同层面和视角分别计量地-矿要素对区域经济发展及典型煤炭城市建设的贡献额度，能够为调控地-矿冲突提供定量参考和决策依据。

4.1.2 研究进展与思路

与古典经济学理论认为的"城市经济发展主要驱动要素有三：技术进步、物质与非物质资本和劳动"不同（古典经济学理论没能把土地资源和煤炭资源纳入其理论体系和分析框架之中），中国的实践多次证明（如经济高速发展引起城市建成区面积由 2001 年的 24026.6km² 增长到 2013 年的 47855.3km²，年均增速为 5.91%，在短短 13 年时间内翻了近一番），物质资本、劳动等要素投入需要土地要素提供承载功能，而技术、非物质资本等要素虽无需土地要素直接支撑，但仍然需要土地提供空间载体，即间接需要土地要素的支撑，而中国特殊的土地财政政策又会进一步强化土地要素在地方经济增长过程中的不可替代性[190, 191]，因此土地资源为我国经济发展提供了重要空间载体、地方财政来源和经济发展动力。与此同时，为满足国家经济发展需求，我国煤炭年产量从 2000 年的 10 亿 t 增至 2014 年的近 40 亿 t，在短短 15 年时间内翻了两番，煤炭产量以每年近 2 亿 t 的速度增加支撑经济高速增长[192]，可见作为工业运转的廉价能源——煤炭在我国经济高速发展过程中起着支撑国民经济命脉的作用①。由此判断，与古典经济学理论表达的技术、劳动、资本要素投入组织生产和发展经济不同，中国土地资源和煤炭资源要素投入对其经济发展具有重要作用，并且国内外学者分别从土地和煤炭投入两个独立视角，就其对于经济增长的贡献进行了系统研究。

（1）就土地资源要素投入而言，亚当·斯密和大卫·李嘉图较早提出了"土地是财富之母"的论断，而 Nicholes[193] 最早把土地要素纳入经济增长模型，Hurtt 等[194]、Zaehle 等[195]较早构建了土地空间集聚的内生经济增长模型与生态变化分析方法。国内学者张宏斌和贾生华[196]、曲福田和冯淑怡[197]、谭荣和曲福田[198]、姜海和曲福田[199]、叶剑平等[200]较早估算了全国城市建设用地与二三产业的关系，

---

① 虽然煤炭开采利用对区域生态环境的负面影响不容忽视，但是煤炭却是我国最主要的基础能源，在我国一次性能源生产和消费结构中一直居于主导地位（占比长期超过 70%），是我国经济得以持续、健康、稳定发展的重要支柱。

以及不同发展阶段建设用地扩张对江苏省经济增长的贡献；2012 年，李鹏和濮励杰[201]的研究同样发现区域经济发展与建设用地的扩张存在着协整关系，并且当经济每增加 1 个百分点，建设用地面积将增加 0.1359 个百分点；方方等[202]、Wang等[203]认为土地作为一种重要的生产要素，其投入数量与经济增长存在密切关系，符合边际效益递减规律，并且在农地非农化背景和土地稀缺的限制下，耕地集约利用程度有明显提高。

（2）就煤炭资源要素投入而言，煤炭一直是世界上使用范围最广的重要化石能源，《煤炭工业发展"十二五"规划》开篇就做出了"煤炭工业是关系国家经济命脉和能源安全的重要基础产业"的判断，国外学者 Kraft J 和 Kraft A[204]较早对经济发展与煤炭要素投入进行了开拓性研究，之后 Yu 和 Jin[205]、Masih A M M 和Masih R[206]、John[207]等对此进行深入探索，并验证了美国、马来西亚、新加坡、菲律宾、巴基斯坦等国家的经济增长与煤炭资源消费存在协整依赖关系。Yoo[208]运用现代时间序列技术，发现韩国 1968～2002 年煤炭消费对经济增长与反馈之间存在双向因果关系；Tsani[209]对希腊实证结果表明存在从煤炭资源消费总量到实际国内生产总值的单向因果关系，分层次看又存在工业和煤炭资源消费之间的双向因果关系。Gurgul 和 Lach[210]、Hamit-Haggar[211]分别在研究波兰、加拿大季节性煤炭消费与经济增长关系时发现，长期看对温室气体排放量和经济增长的影响是非线性的关系，短期看又具有弱的单向影响。Lakhno[212]通过研究发现，2009～2013 年，煤炭消费在美国、澳大利亚、日本和中国的电力供应中分别占42%、47%、25%和80%，间接验证了煤炭对电力和经济发展的贡献。国内学者任少飞和冯华[213]、赵进文和范继涛[214]、张兴平等[215]、李晓嘉和刘鹏[216]、林伯强和刘希颖[13]较早对我国煤炭消费进行协整分析，发现煤炭消费与 GDP、结构变化和效率之间存在长期均衡关系。谢和平等[217]通过研究发现，GDP 增速与煤炭生产和消费的增速变化趋势非常接近，张慧敏等[218]、车亮亮等[219]认为经济与煤炭保持着唇齿相依的关系，经济发展与能源消耗之间的关系是动态的、长期的，两者波动变化具有长期协整关系。

以上分析表明，虽然从土地要素投入或煤炭资源投入两个独立视角研究经济发展的文献十分丰富、并且对本书研究的开展具有较高的指导意义，但是将两种要素纳入统一分析框架和计量模型进行系统研究的文献并不多见。鉴于此，本章通过构建系统分析框架和改进 C-D 生产函数，揭示不同时间、不同区域尺度下土地利用和煤炭消耗对我国经济发展的贡献及其演变规律，旨在说明二者与经济发展的内在逻辑关系，为经济新常态下土地持续利用、煤炭产业转型和地-矿统筹提供决策参考和科学依据。

4.2　模 型 构 建

4.2.1　常用模型介绍

目前经济学界比较常用的生产函数主要有：C-D 生产函数、线性生产函数、固定替代弹性（constant elasticity substitution，CES）生产函数、列昂惕夫（Leontief）生产函数等。

1）C-D 生产函数

该模型最初是美国数学家柯布（Cobb）和经济学家道格拉斯（Douglas）共同探讨投入和产出的关系时创造的生产函数，并在生产函数一般形式上进行改进，引入了技术资源这一要素。其模型表达式为

$$Y = AL^{\alpha}K^{\beta} \tag{4-1}$$

式中，Y 代表工业总产值；A 代表综合技术水平；L 代表投入的劳动力数；K 代表投入的资本；α 和 β 分别是劳动力和资本产出的弹性系数。

2）线性生产函数

其一般形式为

$$\mu = A + \sum_{i=1}^{n} a_i x_i \tag{4-2}$$

式中，a_i 代表第 i 种要素系数。

如果只考虑 L 和 K 两个要素，则该函数变形为：$\mu = A + \alpha L + \beta K$。

此函数中投入和产出呈线性比例变化，并且代表着规模收益不变的生产模式。由于其计算简单，故在经济运算中，其他生产函数一般都通过数学形式变化转化成线性形式以便计算相关参数。

3）CES 生产函数

当仅考虑 L 和 K 两种生产要素和规模收益不变时，其函数模型为

$$\mu = (\delta_1 L^{-\rho} + \delta_2 K^{-\rho})^{\frac{1}{-\rho}} \tag{4-3}$$

式中，δ_1 和 δ_2 代表资本分配率和劳动分配率，表示技术的资本和劳动集约程度，且 $\alpha + \beta = 1$；ρ 是替代参数，若用 σ 表示要素间的替代弹性，ρ 和 σ 之间的关系为 $\rho = (1-\sigma)\sigma$。当考虑 L 和 K 两种生产要素和规模收益的因素时，可以定义 n 阶齐次的函数为

$$\mu = (\delta_1 L^{-\rho} + \delta_2 K^{-\rho})^{\frac{n}{-\rho}} \tag{4-4}$$

参数 $n>0$，表示规模收益性。但是 CES 生产函数的一大弊端就是无法通过数

学变换转化成线性函数形式，所以无法直接利用最小二乘法来估计参数，这给它的应用带来了局限性。

4）列昂惕夫生产函数

仅考虑两种投入要素的列昂惕夫生产函数表达式为

$$\mu = \min(aL, bK) \tag{4-5}$$

其中 $a>0$，$b>0$。当扩展到 n 元，则相应的生产函数表达式为

$$\mu = \min(ax_1, ax_2, \cdots, ax_n) \tag{4-6}$$

4.2.2　模型改进与构建

由于常用的 C-D 生产函数只从劳动和资本投入来研究宏观经济增长，而将土地和能源（煤炭）两要素同时纳入经济发展研究框架文献的较少，而无论是发达国家还是发展中国家，其经济发展与土地非农化和煤炭消费都有着较强的关系。因此，为了定量测算各要素投入对于中国城市经济增长的具体贡献和把握内在作用机制，本书在考虑常用模型的优劣性和借鉴相关学者研究成果的基础上[220,221]，采用改进的 C-D 生产函数进行实证分析和定量研究。因为土地非农化过程和煤炭资源消费对于第一产业（即广义的农业）GDP（国内生产总值）增加值的影响较小，故确定的因变量为二三产业 GDP 增加值，并在通过增加土地和煤炭要素改进原始生产函数模型的基础上，确定函数自变量分别为劳动力、资本、土地和煤炭（表 4-1）。同时考虑本书研究重点和技术更新的长期性，技术进步等因素包含在常数项和随机扰动项之中。

表 4-1　生产函数模型变量设置

衡量指标	因变量	自变量				常量
	二三产业增加值/亿元	二三产业从业人口数/万人	全社会固定资产投资/亿元	城市建设用地面积/km²	煤炭消费总量/亿 t	综合生产力
符号表示	GDP	WF	SI	CL	CC	C

基于以上考虑，通过重新选取变量构造的扩展 C-D 生产函数的模型设定为

$$Y = CL^a K^b T^c M^d \tag{4-7}$$

$$\text{GDP} = C \times (\text{WF})^a \times (\text{SI})^b \times (\text{CL})^c \times (\text{CC})^d \tag{4-8}$$

式中，a、b、c、d 分别代表各影响因素的产出弹性系数，可以反映各因变量对于自变量的敏感程度，即各个要素的投入对于经济增长的贡献度大小。

为了方便计算分析，采取转化为对数形式的线性方程，具体的函数形式为

$$\ln Y = C + a \ln L + b \ln K + c \ln T + d \ln M \tag{4-9}$$

$$\ln \text{GDP} = C + a \ln \text{WF} + b \ln \text{SI} + c \ln \text{CL} + d \ln \text{CC} \tag{4-10}$$

同理，按照以上逻辑思路，进而建立典型煤炭城市供给视角的土地及煤炭与经济发展计量模型为

$$\ln \text{GDP} = C + a \ln \text{WF} + b \ln \text{SI} + c \ln \text{CL} + d \ln \text{CO} \qquad (4\text{-}11)$$

由于煤炭城市发展和经济建设更多依靠煤炭生产而非煤炭消费，因此，在式（4-11）代表的模型的建立过程中将（4-10）代表的模型中煤炭消费总量（CC）用煤炭生产量（CO）替换，其他参数不变。

4.3　全国层面实证分析

4.3.1　数据整理

模型中社会经济和人口数据来源于 1979～2014 年的《中国统计年鉴》，土地数据来源于 1979～2014 年的《中国城市统计年鉴》，煤炭数据来源于 1979～2014 年的《中国能源统计年鉴》。全国层面收集了 1978～2013 年二三产业增加值、二三产业从业人口数、全社会固定资产投资、城市建设用地面积及煤炭消费总量 5 个变量的时间序列数据，如表 4-2 所示。

表 4-2　中国 1978～2013 年主要变量数据汇总表

年份	因变量	自变量			
	GDP：二三产业增加值/亿元	WF：二三产业从业人口数/万人	SI：全社会固定资产投资/亿元	CL：城市建设用地面积/km²	CC：煤炭消费总量/亿 t
1978	2631.8	11835.0	935.9	6927.3	5.66
1979	2808.7	12391.0	936.0	6983.1	5.85
1980	3192.1	13239.0	910.9	7078.7	6.09
1981	3352.5	13948.0	961.0	6720.0	6.05
1982	3571.5	14436.0	1230.4	7150.5	6.49
1983	4014.8	15285.0	1430.1	7365.6	6.87
1984	4930.8	17329.0	1832.9	8480.4	7.48
1985	6498.4	18743.0	2543.2	8578.6	8.15
1986	7544.8	20027.0	3120.6	9201.6	8.70
1987	8897.9	21121.0	3791.7	9787.9	9.25
1988	11270.0	22085.0	4753.8	10821.6	9.92
1989	12862.4	22105.0	4410.4	11170.7	10.31
1990	13757.3	25834.9	4517.0	11608.0	10.53
1991	16607.0	26392.9	5594.5	12907.9	11.06
1992	21268.3	27453.1	8080.1	13918.1	11.57
1993	28637.1	29128.3	13072.3	15429.8	12.13

续表

年份	因变量		自变量		
	GDP：二三产业增加值/亿元	WF：二三产业从业人口数/万人	SI：全社会固定资产投资/亿元	CL：城市建设用地面积/km²	CC：煤炭消费总量/亿 t
1994	38988.2	30827.0	17042.1	20796.2	12.89
1995	49109.8	32535.1	20019.3	22064.0	13.70
1996	57694.5	34130.3	22913.5	19001.6	13.91
1997	65164.8	34979.8	24941.1	19504.6	13.59
1998	70265.6	35459.8	28406.2	20507.6	13.52
1999	75639.6	35625.6	29854.7	20877.0	13.89
2000	85060.1	36042.5	32917.7	22114.0	14.10
2001	94769.2	36398.5	37213.5	24192.7	14.38
2002	104813.4	36640.0	43499.9	27000.0	15.18
2003	119596.4	37531.6	55566.6	29000.0	17.96
2004	139812.6	39434.2	70477.4	31000.0	20.77
2005	164092.2	41205.2	88773.6	29636.8	23.39
2006	194343.6	43037.4	109998.2	32000.0	25.75
2007	240236.3	44590.0	137323.9	36352.0	27.92
2008	284004.8	45640.6	172828.4	39140.5	28.68
2009	311475.2	46937.5	224598.8	39000.0	30.22
2010	369548.3	48174.4	251683.8	39758.0	30.93
2011	437970.2	49825.8	311485.1	41861.0	33.32
2012	483230.4	50931.0	374694.7	45751.0	33.73
2013	532697.0	52806.0	446294.1	47108.5	34.65

注：考虑二三产业增加值本身已经进行可比价格换算，本书不再对 GDP 重复可比性折算，与此对应全社会固定资产采用当年增量值而不采用历史累积值，下同。

4.3.2　参数估计

1）全国层面参数估计结果

考虑 1994 年中央土地财政政策调整对地方经济发展的较大影响，本书以 1994 年为时间节点，分成 1978～1994 年和 1995～2013 年两个时间段，在计量经济学软件包 EViews8 中进行统计分析，估计模型参数和确定相关弹性系数。

其一，1978～1994 年的模型参数估计结果。如图 4-2 所示，R^2 检验值为 0.996028，F 检验值为 752.2038，拟合度较高。劳动、资本、土地、煤炭四个自变量的弹性系数分别为 0.481603、0.192859、1.010776 和 0.696184，说明在此阶段二三产业 GDP 增加值主要依靠城市建设用地扩张来拉动，煤炭资源的消耗和迅速进入二三产业的劳动力同样对经济增长起到一定推动作用，而全社会固定资产投资对于经济增长的拉动作用相对有限。

Dependent Variable: GDP
Method: Least Squares
Date: 06/20/15 Time: 19:20
Sample: 1978 1994
Included observations: 17

Variable	Coefficient	Std.Error	t-Statistic	Prob.
C	−14.25739	3.588080	−3.973542	0.0018
WF	0.481603	0.465163	1.035343	0.3209
SI	0.192859	0.134899	1.429654	0.1783
CL	1.010776	0.242462	4.168804	0.0013
CC	0.696184	0.615053	1.131908	0.2798
R-squared	0.996028	Mean dependent var		8.977788
Adjusted R-squared	0.994703	S.D. dependent var		0.851835
S.E. of regression	0.061995	Akaike info criterion		−2.483612
Sum squared resid	0.046120	Schwarz criterion		−2.238549
Log likelihood	26.11070	Hannan-Quinn criter.		−2.459252
F-statistic	752.2038	Durbin-Wats on stat		1.595657
Prob(F-statistic)	0.000000			

图 4-2   1978～1994 年模型 EViews 参数估计

其二，1995～2013 年的模型参数估计结果。如图 4-3 所示，R^2 检验值为 0.997450，F 检验值为 1368.990，拟合度较高。劳动、资本、土地、煤炭四个自变量的弹性系数分别为 2.693462、0.314595、0.550256 和−0.345652，对比前一阶段，

Dependent Variable: GDP
Method: Least Squares
Date: 06/20/15 Time: 19:23
Sample: 1995 2013
Included observations: 19

Variable	Coefficient	Std.Error	t-Statistic	Prob.
C	−21.74055	13.13465	−1.655205	0.1201
WF	2.693462	1.311631	2.053521	0.0592
SI	0.314595	0.253350	1.241739	0.2347
CL	0.550256	0.274811	2.002303	0.0650
CC	−0.345652	0.158252	−2.184187	0.0465
R-squared	0.997450	Mean dependent var		11.94831
Adjusted R-squared	0.996721	S.D. dependent var		0.773631
S.E. of regression	0.044298	Akaike info criterion		−3.174814
Sum squared resid	0.027473	Schwarz criterion		−2.926277
Log likelihood	35.16073	Hannan-Quinn criter.		−3.132752
F-statistic	1368.990	Durbin-Watson stat		0.993304
Prob(F-statistic)	0.000000			

图 4-3   1995～2013 年模型 EViews 参数估计

此阶段二三产业 GDP 增加值主要依靠人口红利，即大量进入二三产业的劳动力创造了较大的经济产出，该指标相对于 GDP 增加值的显著度较高；第二阶段建设用地带来的"土地财政"对经济增长仍旧有较为显著的拉动作用。同时伴随国家整体经济实力增强，社会固定资产投资对经济发展的贡献不断加大。特别值得关注的是煤炭消费量指标发生方向性改变，即煤炭消耗对经济增长的贡献从正向驱动变为负向驱动。

其三，考虑数据的总体平稳性，本书对 1978～2013 年的总体数据进行模型参数估计。如图 4-4 所示，R^2 检验值为 0.998705，F 检验值为 5977.650，拟合度更高。劳动、资本、土地、煤炭四个自变量的弹性系数分别为 0.479354、0.536976、1.209491 和 -0.521324。对比分阶段估计结果，总体情况是一致的，均表现出煤炭贡献逐渐降低并呈现负值，而土地要素的投入贡献均呈现正值，但总体估计值高于分阶段估计值。同时，二三产业从业人口数 WF 和固定资产投资 SI 的总体估计值较为相近并表现出 SI 略高于 WF，而分阶段的估计值差异很大，这样说明了不同历史时期各要素的贡献不同，而长时间序列的估计往往拉平这种起伏性。

Dependent Variable: GDP
Method: Least Squares
Date: 04/02/16 Time: 17:09
Sample: 1978 2013
Included observations: 36

Variable	Coefficient	Std.Error	t-Statistic	Prob.
C	−5.294754	2.426736	−2.181841	0.0368
WF	0.479354	0.125857	3.808718	0.0006
SI	0.536976	0.094410	5.687723	0.0000
CL	1.209491	0.266769	4.533846	0.0001
CO	−0.521324	0.119354	−4.367888	0.0001

R-squared	0.998705	Mean dependent var	10.54557
Adjusted R-squared	0.998538	S.D. dependent var	1.703394
S.E. of regression	0.065129	Akaike info criterion	−2.496656
Sum squared resid	0.131494	Schwarz criterion	−2.276723
Log likelihood	49.93981	Hannan-Quinn criter.	−2.419893
F-statistic	5977.650	Durbin-Wats on stat	1.177146
Prob(F-statistic)	0.000000		

图 4-4　1978～2013 年模型 EViews 参数估计

2）区域及省级层面估计结果

考虑数据可获得性、统计口径一致性和结果现势性，采用 1996～2013 年的数据，按照以上分析方法，采用计量经济学软件包 EViews8，进一步估计东部、中部、西部及东北部区域和省份层面的模型参数及相关弹性系数，如表 4-3 所示。

表 4-3　1996～2013 年 C-D 生产函数模型参数估计结果

区域	省（自治区、直辖市）	C 常数	a（WF）	b（SI）	c（CL）	d（CO）	R^2	系数和
东部	北京	1.144	−0.169	1.186***	0.013	−0.089	0.995	0.941
	天津	−0.308	−0.521	0.661***	0.186	0.694**	0.995	1.019
	河北	−2.688	0.29	0.418***	0.1	0.547	0.995	1.352
	上海	−18.813***	0.59	0.315	0.592*	2.05***	0.978	3.545
	江苏	1.189	0.089	0.761***	0.074	0.044	0.998	0.965
	浙江	4.583**	1.763***	0.703***	−1.047***	0.21	0.994	1.628
	福建	−2.351	0.413	0.219	1.184***	−0.161	0.997	1.653
	山东	−10.541	2.551	0.447	0.063	−0.51	0.996	2.549
	广东	−2.17	0.732	0.696***	0.119	−0.12	0.994	1.425
	海南	0.76	0.044	0.317**	−0.104	0.754***	0.993	1.010
	区域	−2.823	0.663	0.659***	0.569**	−0.412	0.996	1.478
中部	山西	2.677	−0.486	0.651***	0.059	0.363	0.994	0.585
	安徽	6.128	−1.365	0.714***	0.996***	−0.009	0.991	0.336
	江西	3.445	−0.008	0.785***	0.534	−0.591*	0.993	0.719
	河南	−5.112	0.505	0.322**	1.154***	−0.1	0.998	1.880
	湖北	−16.827***	2.661***	0.558***	−0.185	0.255	0.997	3.288
	湖南	−2.056	0.173	0.547***	0.737***	−0.006	0.999	1.450
	区域	−1.81	0.14	0.575***	0.581	0.015	0.996	1.310
西部	内蒙古	−4.462	0.826*	0.503	0.078	0.338	0.993	1.742
	广西	0.135	0.324	0.582***	0.086	0.091	0.996	1.082
	重庆	−8.591***	1.623***	0.333***	−0.136	0.519***	0.998	2.338
	四川	2.331	−0.16	0.686***	0.333*	−0.044	0.994	0.815
	贵州	−1.112	0.327	0.754***	−0.055	0.172	0.992	1.197
	云南	−0.573	0.537*	0.382*	0.737*	−0.281**	0.993	1.374
	陕西	1.346	0.07	0.674***	0.034	0.116	0.997	0.891
	甘肃	6.419**	−0.461	0.676***	−0.755*	0.478**	0.994	−0.062
	青海	−2.959	0.996*	0.535***	−0.193*	0.298**	0.994	1.636
	宁夏	0.006	0.529	0.745***	0.069	−0.162	0.991	1.181
	新疆	1.923	0.869	1.023***	0.062	−0.904**	0.988	1.049
	区域	0.726	0.222	0.688***	0.039	0.045	0.997	0.991
东北部	辽宁	−11.246**	0.2	0.302***	2.678***	−0.407	0.995	2.77
	吉林	1.695	0.141	0.673**	0.139	−0.07	0.982	0.883
	黑龙江	−5.333	−0.61*	0.421***	1.812*	0.186	0.986	1.809
	区域	−11.811**	−0.79***	0.313***	3.525***	−0.444**	0.997	2.603

***代表在 1% 水平下显著；**代表在 5% 水平下显著；*代表在 10% 水平下显著。

如表 4-3 所示，与全国层面估计参数结果显著性类似，30 个省（自治区、直辖市）（西藏数据缺失）及东部、中部、西部和东北部 4 个区域的 R^2 检验值基本都大于 0.99，拟合度较高，除部分省（自治区、直辖市）极个别变量外，其他区域各个自变量 t 检验值和 F 检验值大都通过 10% 显著性检验。因此，各区域参数估计可靠，结果可信。

4.3.3　结果分析

（1）全国层面分阶段整体对比发现，土地对城市发展的贡献时间更为持久，而煤炭消费却逐渐与城市经济呈现负相关关系。总体上看，1978 年以来中国经济发展处于规模报酬递增的阶段，技术效率由第一阶段（1978～1994 年）的 2.38 提升到第二阶段（1995～2013 年）的 3.21，两个阶段劳动、资本、土地、煤炭四个自变量的弹性系数（贡献度）分别为 0.481603、0.192859、1.010776、0.696184和 2.693462、0.314595、0.550256、−0.345652，说明经济增长分别主要依靠土地要素（即城市建设用地面积）和劳动力要素（即二三产业从业人口数）推动，这与刘珂的研究结论[222]较为一致。从各要素的长时间序列估计结果进行对比可知，对于二三产业，增加建设用地可以使经济获得巨大增长，相比于其他生产要素，土地要素的增长弹性最大，并且土地作为经济发展的重要驱动要素长期很难被资本要素投入替代。而特别值得关注的是，中国经济增长与煤炭消耗的关系从第一阶段（1978～1994 年）的正相关变为第二阶段（1995～2013 年）的负相关，说明依靠大规模不计生态成本的煤炭资源开采利用创造 GDP 增量的畸形经济发展模式，在新常态的经济发展大背景下已经难以维系。即虽然煤炭资源对于我国经济的快速发展做出了不可磨灭的贡献，但是作为不可再生能源，急功近利式的经济发展模式是不可持续的，而且过量开采带来的一系列生态环境问题也将给社会经济发展带来非常不利的影响，而且这些弊端已经越来越凸显。我国作为世界上最大的煤炭资源生产和消费国，现有的资源保有量和环境容量，无法支持目前的经济发展模式和能源消耗速度。因此，提升对外能源依赖程度，推动能源消费革命，抑制不合理能源消费，建立煤、油、气、核、新能源、可再生能源多轮驱动的能源供应体系成为我国迫切需要解决的问题。

（2）从区域及省级层面空间差异对比发现，总体上四个变量弹性系数和由大到小排序分别为东北部（2.603）＞东部（1.478）＞中部（1.310）＞西部（0.991），大致呈现弹性系数随着经济发展水平的提高而增大的规律。其中，东部地区劳动、资本、土地对于社会经济的贡献相当，其中劳动贡献度处于首位（0.663），这是由于东部地区为人口密集区且为高素质人才聚集区，属于人口驱动型；中部及东北部地区各因素对社会经济的贡献度中土地贡献度（0.581、3.525）处于首位，这是由于在中部崛起和振兴东北老工业基地的大背景下，土地大量地被用来开发建设，土地财政在社会经济中处于关键地位，属于土地驱动型；西部地区各因素对社会经济的贡献度中资本贡献度（0.688）处于首位，在西部大开发及丝绸之路经济带的背景下，为了解决基础设施建设不完善的现状问题，西部地区进行了大量的基础设施建设，属于资本驱动型。

如图 4-5 所示，从省份层面来看规模报酬递增的省（自治区、直辖市）有 21 个，占比 70%，其中东部、中部、西部及东北部分别有 8 个、3 个、8 个及 2 个；规模报酬递减的省（自治区、直辖市）有 9 个，占比 30%，其中东部、中部、西部及东北部分别有 2 个、3 个、3 个及 1 个。驱动类型方面，30 个省（自治区、直辖市）中资本驱动型 10 个（34%）、土地驱动型 9 个（30%）、劳动驱动型 7 个（23%）、煤炭驱动型 4 个（13%）。

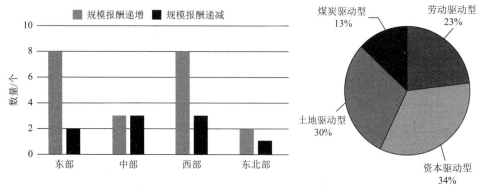

图 4-5　规模报酬区域分布以及驱动类型统计图

4.4　典型煤炭城市验证

4.3 节从煤炭需求方面，宏观计量了全国及省级层面地-矿两种资源对城市发展的贡献方向和定量影响，然而没能考虑煤炭生产供给的贡献度和具体影响。鉴于此，本节延续 4.1 节的研究思路并运用 4.2 节构建的模型［式（4-11）］[1]，同时考虑煤炭城市的典型性及资料可获得性，特基于 3.3 节综合分区结果和煤炭城市空间分布特征，分别选取东部、中部、西部、东北部地区的徐州市、大同市、乌海市和抚顺市，从供给角度衡量土地资源和煤炭资源对煤炭城市经济发展的贡献规律性。

4.4.1　徐州市（东部地区）

徐州市位于江苏省北部，处于苏鲁豫皖交界处，是淮海经济区中心城市，介

① 考虑数据可获得性、统计口径一致性和研究现势性，徐州市采用 1995～2013 年样本数据，乌海市采用 1988～2013 年样本数据，大同市、抚顺市采用 1985～2013 年样本数据进行模型估计分析。

于东经 116°22′～118°40′和北纬 33°43′～34°58′之间。徐州市总面积 11258km²，其中市区面积 3037km²。境内地形以平原为主，属暖温带半湿润季风气候，是中国重要的煤炭产地，煤炭储量 69 亿 t，年产约 2500 万 t。由于徐州市煤炭采挖历史时间较长，目前已面临资源枯竭，亟待转型。延续全国层面的研究思路和分析框架，徐州市的数据整理和模型估计结果如下。

（1）数据整理。通过对 1996～2014 年《徐州统计年鉴》《中国城市统计年鉴》等年鉴的整理，得出徐州市 1995～2013 年的二三产业增加值、二三产业从业人口数、全社会固定资产投资、城市建设用地面积及煤炭生产量 5 个变量的时间序列数据，如表 4-4 所示。

表 4-4 徐州市 1995～2013 年主要变量数据汇总表

年份	因变量	自变量			
	GDP：二三产业增加值/亿元	WF：二三产业从业人口数/万人	SI：全社会固定资产投资/亿元	CL：城市建设用地面积/km²	CO：煤炭生产量/万 t
1995	302.8	183.3	103.7	59	2344
1996	372.4	188.9	136.6	60	2301
1997	396.3	191.8	152.1	62	2243
1998	424.3	409.7	188.3	65	2134
1999	463.5	179.1	220.2	68	2089
2000	497.7	182.3	252.2	72	2271
2001	555.5	184.2	287.9	78	2261
2002	615.3	175.8	323.1	82	2405
2003	717.6	185.8	383.0	89	2572
2004	869.5	205.8	445.3	97	2528
2005	1052.4	269.6	601.3	118	2597
2006	1248	292.0	753.0	127	2827
2007	1487.7	306.9	960.7	160	2363
2008	1886.8	322.9	1250.7	187	2314
2009	2140.3	339.1	1624.6	206	2236
2010	2659.3	358.4	2049.3	239	2072
2011	3217.1	376.0	2201.0	249	2025
2012	3634.1	298.3	2685.9	253	2016
2013	4003.4	307.2	3090.1	253	1972

（2）参数估计。运用计量经济学软件包 EViews8，将表 4-4 中的时间序列数据代入式（4-11）进行计量分析，模型参数和弹性系数估计结果如图 4-6 所示，进而可做出两点基本判断：

其一，估计结果显示，模型对样本数据的拟合程度 R^2 高达 0.995890，F 检验值为 848.0107，拟合度较高，并且全社会固定资产投资和城市建设用地面积较好地通过 t 检验值显著性检验，且全社会固定资产投资显著性很高，而二三产业从业人口数和煤炭生产量均未通过 t 检验，说明徐州市煤炭供给、劳动力要素投入与煤炭城市经济发展并未呈现统计学上的显著相关性。

其二，弹性对比表明，通过显著性检验的资本和土地两个自变量的弹性系数分别为 0.533611、0.486243。说明徐州市城镇建设和经济发展主要依靠全社会固定资产投资和城市建设用地面积扩张来拉动，而徐州市煤炭开采供给并不能作为长期促进徐州市经济发展的重要因素，这可能也与徐州市煤炭资源日渐枯竭，城市较早转型有一定的关系。

Dependent Variable: GDP
Method: Least Squares
Date: 04/03/16 Time: 08:37
Sample: 1995 2013
Included observations: 19

Variable	Coefficient	Std.Error	t-Statistic	Prob.
C	2.240692	1.415304	1.583187	0.1357
WF	−0.029721	0.072741	−0.408590	0.6890
SI	0.533611	0.106412	5.014560	0.0002
CL	0.486243	0.218315	2.227257	0.0429
CO	−0.109509	0.163100	−0.671421	0.5129

R-squared	0.995890	Mean dependent var	6.903147
Adjusted R-squared	0.994715	S.D. dependent var	0.846113
S.E. of regression	0.061509	Akaike info criterion	−2.518329
Sum squared resid	0.052967	Schwarz criterion	−2.269793
Log likelihood	28.92413	Hannan-Quinn criter.	−2.476267
F-statistic	848.0107	Durbin-Wats on stat	0.891457
Prob(F-statistic)	0.000000		

图 4-6　徐州市 1995～2013 年模型 EViews 参数估计

4.4.2　大同市（中部地区）

大同市位于山西省北部，晋冀蒙三省区交界处，是山西省第二大城市，介于东经 112°34′～114°33′和北纬 39°03′～40°44′。区域总面积 14176km²，其中市区面积 2080km²。境内地貌 70%为山地、丘陵，且主要集中在大同市西、北及东北部地区，属于温带大陆性季风气候区，四季鲜明。大同市以"煤都"著称，境内含煤面积约 632km²，累积探明储量 376 亿 t，是中国大型煤炭能源基地之一，也是国家重化工能源基地。伴随着低碳发展及生态文明建设的可持续发展理念不断强化，目前大同市已成为中国国家园林城市，中国十佳运动休闲城市、中国优秀旅游城市，国家新能源示范城市等。延续全国层面的研究思路和分析框架，大同市的数据整理和模型估计结果如下。

（1）数据整理。通过对 1986~2014 年《大同统计年鉴》的整理，得出大同市 1985~2013 年的二三产业增加值、二三产业从业人口数、全社会固定资产投资、城市建设用地面积及煤炭生产量 5 个变量的时间序列数据，如表 4-5 所示。

表 4-5　大同市 1985~2013 年主要变量数据汇总表

年份	因变量	自变量			
	GDP：二三产业增加值/亿元	WF：二三产业从业人口数/万人	SI：全社会固定资产投资/亿元	CL：城市建设用地面积/km²	CO：煤炭生产量/万 t
1985	24.2	65.6	8.5	41	6170
1986	29.0	68.6	10.1	44	6545
1987	32.1	73.7	12.7	44	6848
1988	35.0	73.7	14.8	57	7066
1989	42.8	74.3	12.7	57	7604
1990	50.3	70.0	18.1	57	8403
1991	63.4	70.2	20.2	57	8030
1992	72.4	72.4	22.4	58	7796
1993	81.7	73.8	27.3	59	8266
1994	93.0	74.7	30.7	59	8142
1995	116.1	79.5	33.1	60	8486
1996	128.4	79.4	25.6	64	8607
1997	137.6	80.3	33.8	64	8083
1998	149.9	79.3	37.7	64	6950
1999	152.6	80.4	41.8	75	5568
2000	161.1	81.9	42.6	77	5440
2001	189.0	84.6	44.0	80	5988
2002	204.7	85.2	64.0	87	7454
2003	249.0	86.7	86.4	87	8332
2004	306.1	90.2	113.6	89	8431
2005	348.4	95.7	152.0	89	8034
2006	382.0	76.2	160.1	91	6916
2007	464.0	98.0	215.0	91	7394
2008	539.4	89.3	277.0	91	7054
2009	565.3	87.5	475.0	108	7138
2010	659.7	95.8	542.5	108	9403
2011	797.1	143.5	664.9	108	10719
2012	881.6	145.2	759.9	108	10563
2013	912.7	145.9	854.8	108	10899

（2）参数估计。由表 4-5 可知，1985～2013 年的时间序列值变化比较稳定，运用计量经济学软件包 EViews8 进行统计计量分析，模型参数和弹性系数估计结果如图 4-7 所示，进而可得两点基本判断：

其一，估计结果显示，模型对样本数据的拟合程度 R^2 为 0.968854，F 检验值为 186.6405，拟合度较高，并且全社会固定资产投资和城市建设用地面积较好地通过 t 检验值显著性检验，而二三产业从业人口数和煤炭生产量均未通过 t 检验，说明大同市煤炭供给和劳动力要素投入与煤炭城市经济发展并未呈现统计学上的显著相关性。

其二，弹性对比表明，通过显著性检验的资本和土地两个自变量的弹性系数分别为 0.409532、1.759180。说明大同市城镇建设和经济发展主要依靠全社会固定资产投资和城市建设用地面积扩张来拉动，而大同市煤炭开采供给并未能跳出"资源诅咒"而对城市经济增长起到正向推动作用。

Dependent Variable: GDP
Method: Least Squares
Date: 03/04/16　Time: 22:17
Sample: 1985 2013
Included observations: 29

Variable	Coefficient	Std.Error	t-Statistic	Prob.
C	−3.593550	3.355540	−1.070930	0.2949
WF	0.080690	0.419097	0.192532	0.8489
SI	0.409532	0.110296	3.713037	0.0011
CL	1.759180	0.441188	3.987370	0.0005
CO	−0.101173	0.311488	−0.324805	0.7481

R-squared	0.968854	Mean dependent var	5.083315
Adjusted R-squared	0.963663	S.D. dependent var	1.096485
S.E. of regression	0.209015	Akaike info criterion	−0.137234
Sum squared resid	1.048496	Schwarz criterion	0.098506
Log likelihood	6.989896	Hannan-Quinn criter.	−0.063403
F-statistic	186.6405	Durbin-Wats on stat	0.724357
Prob(F-statistic)	0.000000		

图 4-7　大同市 1985～2013 年模型 EViews 参数估计

4.4.3　乌海市（西部地区）

乌海市位于内蒙古自治区西部，是宁蒙陕甘的结合部，也是沿黄经济区的中心区域，同时也是第一批国家智慧城市试点，区域总面积 1754km^2。境内地貌结构特征可概括为"三山两谷一条河"，地势东西两边高、中间低。因其地处大陆深处，属于典型大陆性气候，冬少雪，春干旱，夏炎热，秋剧降。由于春秋短，冬夏长，昼夜温差大，日照时间长，是发展种养业及高效农业光热资源较为充足、较为理想的地区之一，几乎所有北方的农作物都适宜在这里种植，并产高质优。素以"乌金之海"著称的乌海市境内资源富集，属于典型资源型经济城市，其中煤炭资源已探明保有储量 27 亿 t。延续全国层面的研究思路和分析框架，乌海市的数据整理和模型估计结果如下。

（1）数据整理。通过对 1986～2014 年《内蒙古统计年鉴》和《乌海统计年鉴》等相关年鉴资料整理，分析出 1988～2013 年各变量历史数据，如表 4-6 所示。

表 4-6　乌海市 1988～2013 年主要变量数据汇总表

| 年份 | 因变量 | 自变量 | | | |
	GDP：二三产业增加值/亿元	WF：二三产业从业人口数/万人	SI：全社会固定资产投资/亿元	CL：城市建设用地面积/km²	CO：煤炭生产量/万 t
1988	4.7	12.7	25570.0	47	596
1989	6.2	13.3	24738.0	47	701
1990	6.2	14.0	25442.0	48	806
1991	7.2	15.1	22521.0	48	753
1992	9.4	15.9	36562.0	49	642
1993	14.7	15.7	60195.0	50	615
1994	15.5	15.4	43670.0	51	650
1995	17.7	15.4	56693.0	51	753
1996	21.8	15.4	51887.0	51	22
1997	26.4	16.6	55805.0	56	992
1998	31.2	12.3	62133.0	56	993
1999	34.8	11.5	82400.0	56	846
2000	39.5	7.8	121348.0	56	799
2001	45.3	12.5	203549.0	56	578
2002	52.9	15.5	308313.0	56	845
2003	68.0	15.6	467443.0	56	1115
2004	92.0	15.2	707951.0	56	1108
2005	123.6	19.1	902700.0	56	1417
2006	150.4	19.3	616412.0	56	1284
2007	187.8	19.1	709500.0	73	1763
2008	237.3	22.5	1154800.0	75	1869
2009	308.1	23.3	1811623.0	77	1892
2010	387.7	25.1	2387231.0	63	3063
2011	478.9	26.0	2869004.0	63	3317
2012	527.1	26.2	3466704.0	63	3855
2013	542.7	28.3	387391.0	63	4151

（2）参数估计。通过对表 4-6 中各变量的 EViews 分析（图 4-8），得出以下两个基本判断：

其一，估计结果显示，模型对样本数据的拟合程度 R^2 为 0.933257，F 检验值为 73.40947，并通过整体显著性检验。全社会固定资产投资及城市建设用地面积较好地通过 t 检验值显著性检验，而二三产业从业人口数和煤炭生产量未通过 t 检验，说明乌海市煤炭供给和劳动力要素投入与经济发展并未呈现统计学上的显著相关性。

其二，弹性对比表明，通过显著性检验的资本及土地两个自变量的弹性系数为 0.592324、2.656841。说明乌海市城镇建设和经济发展主要依靠全社会固定资产投资和城市建设用地面积扩张来拉动，而乌海市煤炭供给要素与其煤炭城市建设和区域经济增长虽然呈现正向相关关系，但未通过 t 值显著性检验，说明乌海市煤炭开采与城镇建设及其经济发展不具有统计学的显著相关性。

```
Dependent Variable: GDP
Method: Least Squares
Date: 04/03/16   Time: 19:05
Sample: 1988 2013
Included observations: 26
```

Variable	Coefficient	Std.Error	t-Statistic	Prob.
C	−15.94597	3.500115	−4.555843	0.0002
WF	0.586793	0.405779	1.446088	0.1629
SI	0.592324	0.102700	5.767503	0.0000
CL	2.656841	1.078120	2.464329	0.0224
CO	0.042569	0.113452	0.375214	0.7113

R-squared	0.933257	Mean dependent var		3.931470
Adjusted R-squared	0.920544	S.D. dependent var		1.507596
S.E. of regression	0.424961	Akaike info criterion		1.297405
Sum squared resid	3.792436	Schwarz criterion		1.539346
Log likelihood	−11.86626	Hannan-Quinn criter.		1.367075
F-statistic	73.40947	Durbin-Wats on stat		0.864611
Prob(F-statistic)	0.000000			

图 4-8　乌海市 1988～2013 年模型 EViews 参数估计

4.4.4　抚顺市（东北部地区）

抚顺市位于辽宁省东部山区，东与吉林省接壤，西连沈阳，北与铁岭毗邻，南与本溪相望，区域总面积 11271km²，是沈阳经济区副中心城市，属于 II 型大城市。境内多山地，地势较高，从东向西逐渐降低，平均海拔 400～500m，山脉呈东北-西南走向，市区位于浑河冲积平原上，土地结构可概括为"八山一水一分田"。抚顺市地理坐标为东经 123°55′、北纬 41°52′，地处中温带，属于大陆性季风气候区，夏热多雨，冬季漫长，温差大，四季分明。境内矿产资源富集，煤炭资源探明储量 14.15 亿 t，素有"煤都"之称。同时境内森林资源丰富，是国家森林城市和中国优秀旅游城市。延续全国层面的研究思路和分析框架，抚顺市的数据整理和模型估计结果如下。

（1）数据整理。通过对 1986～2014 年《抚顺统计年鉴》的整理，得出抚顺市 1985～2013 年 5 个变量的时间序列值，如表 4-7 所示。

表 4-7　抚顺市 1985～2013 年主要变量数据汇总表

年份	因变量	自变量			
	GDP：二三产业增加值/亿元	WF：二三产业从业人口数/万人	SI：全社会固定资产投资/亿元	CL：城市建设用地面积/km²	CO：煤炭生产量/万 t
1985	34.9	87.9	7.6	98	952
1986	38.2	86.8	9.2	98	936
1987	43.9	89.1	12.7	100	815
1988	51.5	91.6	15.3	101	837
1989	56.6	92.5	18.0	103	872
1990	57.9	94.5	31.8	108	888
1991	66.0	92.8	37.9	108	901
1992	75.3	94.4	30.5	110	933
1993	101.7	96.9	35.8	113	887
1994	129.3	97.9	52.0	113	832
1995	142.8	100.6	49.4	113	842
1996	156.0	100.4	48.9	113	889
1997	178.8	102.6	37.3	113	799
1998	177.6	74.4	29.3	117	738
1999	187.7	70.6	39.1	117	678
2000	213.4	68.0	43.4	117	577
2001	237.3	66.4	57.5	118	599
2002	258.2	65.2	65.3	118	631
2003	290.6	67.7	78.5	118	641
2004	348.5	73.6	103.9	119	701
2005	361.5	95.6	151.1	122	702
2006	426.4	96.2	200.8	120	597
2007	510.7	94.3	281.5	122	524
2008	618.2	84.9	380.7	124	535
2009	652.1	72.3	496.0	126	540
2010	840.3	86.1	681.5	130	486
2011	1042.9	80.7	795.3	136	545
2012	1151.3	81.7	966.5	131	638
2013	1245.9	80.4	1111.0	134	714

（2）参数估计。鉴于 1985～2013 年的时间序列值变化比较稳定，运用计量经济学软件包 EViews8 进行统计计量分析，相关估计模型参数和弹性系数如图 4-9 所示。由此可得抚顺市经济发展与投入要素之间的关系。

其一，估计结果显示，模型对样品数据的拟合程度 R^2 为 0.975532，F 检验值为 239.2193，拟合度较优，并且全社会固定资产投资、城市建设用地面积和煤炭生产量较好地通过 t 检验值显著性检验，由于东北部地区人口外迁较为明显，二三产业从业人口数未通过 t 检验，说明抚顺市经济发展与劳动力关系不明显。

其二，劳动、资本、土地、煤炭四个自变量的弹性系数分别为−0.208311、0.275817、6.252814 和−0.685323。说明抚顺市二三产业 GDP 增加值主要依靠城市建设用地面积扩张来拉动，全社会固定资产投资也对抚顺市经济增长有一定推动作用；而二三产业从业人口数并不能对煤炭城市建设和经济增长起到正向拉动作用，煤炭供给要素与抚顺市经济发展呈现负相关关系。

Dependent Variable: GDP
Method: Least Squares
Date: 03/04/16 Time: 22:23
Sample: 1985 2013
Included observations: 29

Variable	Coefficient	Std.Error	t-Statistic	Prob.
C	−20.15996	6.920554	−2.913055	0.0076
WF	−0.208311	0.334562	−0.622640	0.5394
SI	0.275817	0.086393	3.192585	0.0039
CL	6.252814	1.340377	4.664967	0.0001
CO	−0.685323	0.313447	−2.186408	0.0388

R-squared	0.975532	Mean dependent var		5.292430
Adjusted R-squared	0.971454	S.D. dependent var		1.074214
S.E. of regression	0.181494	Akaike info criterion		−0.419601
Sum squared resid	0.790563	Schwarz criterion		−0.183861
Log likelihood	11.08422	Hannan-Quinn criter.		−0.345770
F-statistic	239.2193	Durbin-Wats on stat		0.802310
Prob(F-statistic)	0.000000			

图 4-9 抚顺市 1985～2013 年模型 EViews 参数估计

4.4.5 结果分析

为便于对比分析，将上述四个典型煤炭城市 C-D 生产函数参数估计结果和相关弹性系数进行汇总（表 4-8），通过进一步比较分析发现，与宏观层面城镇发展对煤炭消费需求相似，煤炭生产供给同样对煤炭城市发展的贡献并不显著。

表 4-8 典型煤炭城市 C-D 生产函数模型参数估计结果汇总表

区域	煤炭城市	C 常数	a（WF）	b（SI）	c（CL）	d（CO）	R^2	系数和
东部	徐州市	2.2407	-0.0297	0.5336***	0.4862**	-0.1095	0.9959	0.8806
中部	大同市	-3.5936	0.0807	0.4095***	1.7592***	-0.1012	0.9689	2.1482
西部	乌海市	-15.9460***	0.5868	0.5923***	2.6568**	0.0426	0.9333	3.8785
东北部	抚顺市	-20.1600***	-0.2083	0.2758***	6.2528***	-0.6853**	0.9755	5.6350

***代表在 1%水平下显著；**代表在 5%水平下显著；*代表在 10%水平下显著。

基于以上计量结果，通过对典型煤炭城市 C-D 生产函数模型参数估计及相关系数对比分析，可做出如下基本判断。

其一，总体上分析判断，四个典型煤炭城市模型参数估计整体上十分可靠，结果可信。如表 4-8 所示，四个典型煤炭城市的 C-D 生产函数模型参数估计结果 R^2 均大于 0.93，拟合度较高。资本变量和土地变量均通过 t 值 5%水平显著性检验，并与经济发展呈现正相关特征；而煤炭生产量除东北部地区的抚顺市通过 5%水平下 t 检验值显著性检验外，其他各典型城市均未通过检验，而且呈现出与城镇经济发展负相关关系。

其二，区域上对比表明，四个典型煤炭城市弹性系数和从大到小排序分别为东北部抚顺市（5.6350）＞西部乌海市（3.8785）＞中部大同市（2.1482）＞东部徐州市（0.8806），大致呈现随着经济发展水平的提高而降低的规律，除徐州市外，其余三个煤炭城市经济处于规模报酬递增阶段。并且土地、资本要素投入对经济推动作用明显，而煤炭、劳动力要素投入对城镇发展贡献不显著甚至表现为负向驱动作用。

其三，主导因素分析显示，徐州市煤炭生产量及二三产业从业人口数系数为负值，经济增长主要靠全社会固定资产投资和城市建设用地面积扩张来拉动，与徐州市较早进入经济转型阶段，加大投资发展城市经济相吻合；中部大同市和东北部抚顺市全社会固定资产投资及城市建设用地面积要素均通过 1%的显著性检验，表明资本、土地投入对城市经济的贡献较大，主要是因为国家提出的中部崛起和振兴东北老工业基地战略，加大对该地区的投资力度，与此同时土地亦大量地被用来开发建设。西部乌海市城市建设用地面积通过 5%的显著性检验，全社会固定资产投资通过 1%的显著性检验，劳动力和煤炭生产与经济呈现正相关关系，但参数计量结果并不显著，说明处于衰退期的乌海市，正在处于转型关键期，需要加强土地和资本要素投入。由此可见，典型煤炭城市分析结果同样表明煤炭生产供给并不能持续拉动区域经济增长，并且随着时间推移，其对煤炭城镇建设和经济增长的影响逐渐发生转折，甚至呈现负相关关系。

综上，就地-矿开发与城市经济发展关系而言，无论是全国及省级层面的煤炭需求，还是典型城市的煤炭生产供给，煤炭开发利用来对城镇发展和经济增长的贡献并不明显和持久，甚至表现为负相关；而土地对经济的贡献表现更为持久强劲，特别是典型煤炭城市贡献度更大。因此，有必要从宏观需求和微观供给不同层面控制煤炭供需量，进而减少煤炭开发活动，最终实现缓解地-矿冲突目标。

4.5 本章小结

本章将土地利用和煤炭开发纳入城市发展统一框架，通过改进 C-D 生产函数，分别从宏观需求和微观供给视角，定量表达煤炭消费及土地利用对城市发展贡献度和作用方向，以及煤炭生产、土地投入对其发展的定量贡献，研究结果如下。

（1）宏观计量表明，1978 年以来中国城市经济发展处于规模报酬递增阶段，技术效率由第一阶段（1978～1994 年）的 2.38 提升到第二阶段（1995～2013 年）的 3.21，两阶段城市经济增长分别主要依靠土地要素和劳动力要素驱动，并且土地资源作为经济发展的重要驱动要素很难被资本要素投入替代，而煤炭消耗对经济增长的贡献从正向驱动变为负向驱动，即煤炭能源正在被石油、天然气和其他清洁能源或土地、劳动和资本要素替代。

（2）区域对比发现，需求视角的变量弹性系数和由大到小排序分别为东北部（2.603）＞东部（1.478）＞中部（1.310）＞西部（0.991），大致呈现弹性系数随着经济发展水平的提高而增大的规律，而供给视角四个典型煤炭城市变量弹性系数和从大到小排序分别为东北部抚顺市（5.6350）＞西部乌海市（3.8785）＞中部大同市（2.1482）＞东部徐州市（0.8806），大致呈现随着城镇经济发展水平的提高而降低的规律，同时除个别区域无法通过显著性检验外，土地、资本要素投入对城镇发展贡献为正并且较为持久，而煤炭、劳动力要素贡献不显著甚至表现为负向驱动作用。

（3）调控对策建议，无论是全国及省级层面的煤炭需求、还是典型煤炭城市的生产供给，计量结果都能够证明煤炭开发对城镇建设和经济发展的贡献并不明显、甚至表现为负相关，说明中国城市经济增长方式正在由传统的资源消耗型向人才、技术创新型转变。另外，鉴于土地利用对中国城镇建设和经济发展的持久贡献，以及煤炭产业由于贡献度发生方向性改变而急需转型升级的科学现实，由此建议，从经济可持续发展视角出发，宏观层面的公共政策调控方向应该集中在压缩煤炭消费、减少煤炭生产供给，进而减少煤炭开发活动来化解煤炭城市地-矿冲突难题。

第5章 经济发展与煤炭消费：宏观需求调控

虽然第 4 章研究发现煤炭开发对中国城市发展及经济建设贡献度逐步减弱，然而，2002～2012 年年均 2 亿 t 的煤炭消费增量需求刺激煤炭供给和开采强度严重偏离科学限度，进而不断激化煤炭城市地-矿冲突，因此有必要在揭示煤炭消费需求规律基础上，从宏观需求和冲突源头方面寻求化解地-矿冲突的调控路径。鉴于此，在深化第 4 章研究成果基础上，本章提出经济发展与煤炭消费的 Kúznets 曲线假说，并通过构建模型、求导和参数估计，定量表达煤炭消费的拐点、顶点及其出现时点，以便在煤炭消费需求规律指导下，为最终化解煤炭城市"三加"特征的地-矿冲突提供宏观需求和管控源头方面的调控参考和定量依据。

5.1 分析框架与研究思路

5.1.1 分析框架与逻辑思路

经济发展与煤炭资源消费调控机制采用如下分析框架（图 5-1）开展研究。

如图 5-1 所示，结合第 4 章地-矿要素投入对经济发展贡献影响结果，即煤炭资源开采利用虽然在很长一段时间内为经济发展提供廉价能源动力，但随着城市经济不断升级和煤炭开发带来的巨大负面影响，煤炭消费对经济发展的贡献迅速减弱甚至呈现负相关关系，说明更多的煤炭投入并不能带来城市高速发展。与此同时，煤炭开发利用过程一般受能源安全、生产安全、生态安全的制约作用明显，加上替代能源的开发，有必要在煤炭消费科学规律指导下，通过抑制煤炭消费需求进而压缩控制煤炭生产，最终缓解地-矿冲突。因此，如何高效配置煤炭消费实现经济持续发展成为当前急需探索的科学问题，本章将煤炭消费与经济发展单独计量，首先在理论分析的基础上，从探究经济发展与煤炭消费关系出发，基于煤炭消费需求视角构建计量模型，然后重点表达经济快速发展过程中全国及不同区域煤炭消费拐点、顶点值及其出现时点，并依据煤炭消费一般规律和当前经济发展趋势对未来煤炭消费态势进行预测。最后根据预测结果并结合能源调整现实基础，提出合理的政策建议和调控策略。

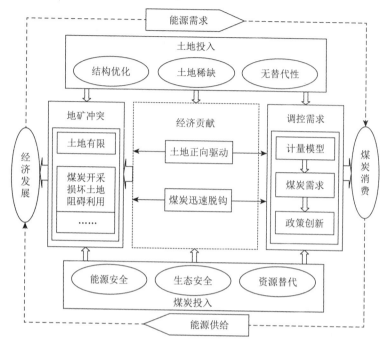

图 5-1　煤炭消费调控机制分析框架图

5.1.2　研究进展与思路

改革开放以来，中国经济取得飞速发展（如 1978～1989 年，年均增长率为 9.8%；1990～1999 年，年均增长率为 10.0%；2000～2009 年，年均增长率为 10.3%），GDP 总量实现百余倍增长，并于 2010 年超过日本成为仅次于美国的世界第二大经济体[①]。与此同时，中国加速开采和消费以煤炭为主的能源（1978～1989 年，煤炭资源年均的消耗量为 7.55 亿 t；1990～1999 年，煤炭资源年均的消耗量为 12.68 亿 t；2000～2009 年，煤炭资源年均的消耗量为 21.84 亿 t；2010～2013 年，煤炭资源年均的消耗量为 33.16 亿 t），特别是煤炭产业 2002～2012 年的"黄金十年"，煤炭开发快速增长。由此推断，中国经济增长与煤炭消费应该存在较为紧密的联系。

针对经济发展与煤炭消费关系的研究，国内外学者对此展开深入探索。Wolde-Rufael[223]发现中国经济增长与煤炭消费量存在单向关系；Li J 和 Li Z 以中国和印度为例进行格兰杰因果关系检验，证明经济增长是导致煤炭消费的格兰杰因素[26]；

---

① 数据源于 1991～2014 年的《中国统计年鉴》和《中国能源统计年鉴》，以下如无特殊说明或注释，社会经济数据来源同此处。

Yildirim 等以美国为例分析了煤炭消费与工业生产的关系，发现其随时间变化而呈现正、负相关，同时得到煤炭成本会影响两者关系的结论[27]。李维明等从经济周期视角，发现了 GDP 增长对煤炭消费的依赖程度[29]；孟岩和张屹山[224]、李金克等[25]分别建立计量模型，分析了煤炭消费与经济增长的关系，得到经济增长是导致煤炭消费增长的因素，而煤炭消费的增加并不能带来经济增长的结论；李世祥等[225]以 13 个煤炭消费大省为实证，利用 Malmquist 指数法，测算环境全要素生产率指数，进行经济绩效评价；张劲文和葛新权[226]采用协整检验与误差修正模型对经济增长与能源消费的内在依从关系进行了分析，指出 2020 年前煤炭消费量年均增速约为 7%；殷腾飞和王立杰[24]以各省煤炭消费量为实证，构建人均 GDP 与人均煤炭消费量的二维组合矩阵，划分了 4 种关系类型，得到 9 个省份煤炭消费量的拐点；另外还有很多学者从煤炭消费与经济增长的关系[226-228]、波动规律[229]、煤炭消费预测[229-232]等方面展开研究，研究假说大都建立在经济发展与煤炭消费量两者矛盾难以调和（煤炭消费量持续增加）的基础之上。

参考已有研究，本书在总结国内外经济增长与煤炭消费特征和发展轨迹的基础上，通过观察美国等发达国家和中国经济增长及煤炭消费波动轨迹，提出研究假说：中国经济增长与煤炭消费量存在 Kúznets 曲线函数关系，并收集整理全国及 31 个省（自治区、直辖市）经济增长与煤炭消费量数据进行假说检验和计量分析，为第 6 章和第 7 章系统建模和地-矿经济协同发展提供决策参考和科学依据。

5.2　经济增长与煤炭消费特征

5.2.1　国外（发达国家）特征

如图 5-2 所示，1965～2013 年美国人均 GDP 增长率与人均煤炭消费增长率呈现更加明显的同步周期性变化。说明煤炭能源同样推动了经济发展，且在依靠要素投入推动经济发展的阶段，经济增长引起对煤炭消费的强劲需求。美国人均GDP 增长率和人均煤炭消费增长率在几乎同步波动过程中，以 1987 年两者第一次非常接近为转折点，分别从 10% 和 5% 左右降至 5% 和 2% 左右，并且在金融危机的破坏下，两者均出现负增长。说明美国经济转型推动了煤炭消费结构转型，即美国经济在实现从高速变为中高速甚至低速缓慢增长转型升级过程中，带动了产业结构优化和能源结构调整。

因此，图 5-2 和已有研究表明[233,234]：发达国家在经济发展的不同时期，经济增长与煤炭消费量的轨迹不尽相同，但总体表现出一定的特征。首先，在经济发展的初始阶段，经济增长以农业为主，工业发展缓慢，煤炭消费量较低，随着生产水平的不断提高，煤炭需求量随经济增长将有所增加，但增长速度较为平缓；

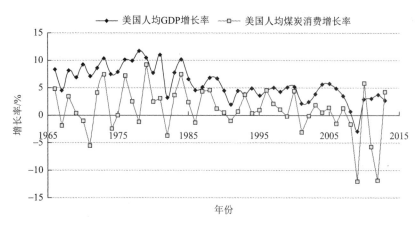

图 5-2　1965～2013 年美国经济增长与煤炭消费变化特征图

数据来源于世界银行数据库

其次，工业化阶段，第二产业快速发展，以电气时代为特征，社会经济财富快速膨胀，能源需求量急剧增加，在这个以粗放型经济为主要增长方式的阶段，煤炭资源为经济发展提供了不竭的动力，煤炭消费量急剧增加；最后，后工业化阶段，经济发展向集约型方式转变，以钢铁、铝业为代表的高能耗行业被快速转移和替代，以电子产品为主的高新技术迅速崛起，对煤炭资源的消耗压力减小，同时石油、天然气和液化气等煤炭能源替代品的出现，使过度损耗煤炭的现象有所缓和。因此，后工业化阶段，煤炭消费量呈现下降趋势，且减少速度为先快后慢甚至依赖性消失。美国、德国等经济发达国家在其经济发展过程中，第二产业在国民经济发展中所占比重经历了由小到大再减小的过程，同时由于石油工业的发展，煤炭年消费量也呈现出先增加后减少的轨迹。由此推断，发达国家城镇化、工业化及其经济增长对煤炭资源消费的依赖性存在由强变弱的现象。

5.2.2　国内（发展中国家）特征

与发达国家相比，中国受宏观政策及发展阶段的客观影响，城镇化、工业化及其经济发展与煤炭消费表现出不同特征和规律[24]。如图 5-3 所示，中国人均 GDP 增长率与煤炭消费量增长率存在较为紧密的耦合关系，并且发现在依靠煤炭能源要素投入推动经济发展的阶段，两者表现出较为一致的变化趋势。

已有研究[235]和图 5-3 表明，中国经济发展和煤炭消费之间的主要特征为：

其一，整体分析判断。中国经济发展变化与煤炭消费量变化波动具有一致性，表现出共同增减的现象。这说明煤炭资源消费推动了中国经济的发展，且在煤炭

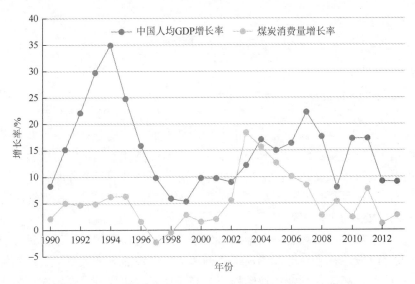

图 5-3　1990～2013 年中国经济增长与煤炭消费量变化特征图

能源要素投入推动经济发展的工业化前中期阶段，中国经济增长仍对煤炭消费有着强烈需求，然而伴随经济发展的不断转型升级，进入工业化中后期阶段后，中国经济增长对煤炭资源的需求程度在降低。

其二，阶段对比发现。中国煤炭消费变化对经济增长的边际产出表现出不断增大的良好趋势，以全国煤炭消费量与国民生产总值分别作为投入与产出对象，可得到 1991～1995 年，煤炭资源的边际产出为 3163.78 元/t；1996～2000 年，煤炭资源的边际产出为 6171.21 元/t；2001～2005 年，煤炭资源的边际产出为 7792.90 元/t；2006～2010 年，煤炭资源的边际产出为 10894.20 元/t，且如图 5-3 所示，煤炭消费拐点早于经济发展拐点。这说明，我国煤炭资源的利用效率在不断提升，城镇建设和经济发展对煤炭的依赖正逐步减弱。

其三，一般规律归纳。虽然从长期来看经济增长变化与煤炭消费量波动表现出较为一致的趋势，但两者变化在一致中出现分歧，即经济总量在不断提升，煤炭消费增长速度却有所降低。这说明当经济增长到一定程度后，经济增长不一定完全依赖煤炭能源要素投入，表现出经济增长对煤炭能源的依赖强度降低，当依赖程度降低到一定程度时，经济发展的趋势将不再与煤炭消费量的变化一致，一般会出现在经济增长的同时煤炭的消费量反而降低的现象。

基于以上判断，本章将在理论分析的基础上，提炼经济增长与煤炭消费量变化符合 Kúznets 曲线的研究假说，进而对该研究假说进行检验并计量全国及各省份煤炭消费拐点和顶点，以便从宏观需求视角为地-矿冲突调控提供决策参考。

5.3　理论分析与假说提炼

5.3.1　理论分析

5.2 节的分析表明，伴随着煤炭能源利用效率的不断提升和发展方式转型升级及再生能源开发利用，经济增长不一定完全需要煤炭能源的继续过度投入，其对煤炭能源消费依赖强度将逐渐降低，理论上的原因有以下三个方面。

第一，发展阶段的不断转变。与国外工业化进程类似，中国在初始发展阶段，经济增长以农业为主，工业发展缓慢，煤炭消费量较低，随着生产水平的不断提高，煤炭需求量随经济增长有所增加，但增长速度较为平缓；当经济进入第二产业快速发展阶段，社会对能源的需求急剧增加，煤炭能源被大量消费；当经济进入集约化阶段，高能耗行业迅速转移或被高新技术产业代替，煤炭能源需求量增加缓慢甚至减少。因此，煤炭能源消费量增长呈现出先增加后减小的轨迹。

第二，科技水平的日益提高。一般而言，经济发展速度与科学技术水平呈正相关关系，能源利用效率一般与科学技术水平也呈正相关关系，三者相互作用。当科技水平发展较低时，经济的发展依靠要素的投入，以粗放型能源要素投入为主，伴随第二产业对能源需求的不断增加，煤炭消费量相应增加。当科技水平发展到较高阶段，由于煤炭能源的稀缺性和清洁能源替代性等，已经无法单纯地依靠能源的不断供应来满足经济发展的无限需求，迫使经济增长模式寻求新的突破点，由粗放型向集约型发展，进而减缓了对煤炭能源消费需求量。

第三，替代资源的广泛开发。我国国情较为特殊，在能源资源分布中，煤炭资源较为丰富，截至 2009 年底，煤炭资源总量为 5.82×10^{12}t，但其他能源资源相对匮乏（石油储量仅为 71.74 亿 t），且能源消费结构中煤炭资源长期占 70%左右。然而，伴随科学技术的进步和石油进口，以及天然气、页岩气及风能、太阳能和核能的综合开发利用，并且在国家高压"碳减排"环保政策和社会普遍"去煤炭"呼声背景下，我国煤炭城市建设和国民经济发展高度依赖煤炭能源的局面将有所改变，进而降低对煤炭过度消费。

5.3.2　假说提炼

基于以上分析及理论预期，在经济发展过程中，中国煤炭消费量与经济发展存在如图 5-4 所示的 Kúznets 曲线（倒"U"形）关系。由此提炼的待验证假说为：从经济发展的整个阶段来看，煤炭消费量的变化表现出先增加至某一顶点然后减小的趋势，即在煤炭消费增长阶段，煤炭消费变化量与经济发展指标变化量的比值逐渐变小，在到达煤炭消费量顶点之后，两种相关性由正变负（即经济发展与煤炭消费量符合 Kúznets 曲线规律）。

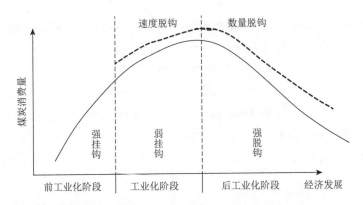

图 5-4　经济发展与煤炭消费量的 Kúznets 曲线示意图

由此推断，经济增长与煤炭消费量可能存在 Kúznets 曲线关系，即在经济发展的前工业化阶段，经济增长对煤炭资源的依赖较大且两者呈现强挂钩状态，随着经济的增长速率逐渐加快和发展阶段不断升级，经济发展对于煤炭消费的依赖会逐渐减弱，出现弱挂钩（即速度脱钩）现象，当经济发展到一定阶段进入后工业化阶段，煤炭消费量变化将不再继续加强而是开始减弱并出现强脱钩（即数量脱钩）现象，说明该阶段经济发展对煤炭资源的依赖性逐渐减小甚至消失，即出现数量脱钩的现象，从而为实施严格调控政策和实现"碳减排"的目标奠定现实基础。因此，如何掌握煤炭消费量变化随经济发展的基本特征，针对不同发展阶段煤炭消费量变化的一般规律提出差异化且符合基本规律的管制政策，应该是未来能源结构调整和公共政策创新的重要方向。鉴于此，5.4 节在构建计量模型的基础上，通过实证分析验证经济发展与煤炭消费的 Kúznets 曲线假说，进而基于煤炭能源宏观需求视角为调控地-矿冲突提供决策参考和定量依据。

5.4　研究方法与假说检验

5.4.1　研究方法——Kúznets 曲线方程

Kúznets 曲线是美国经济学家西蒙·史密斯·库兹涅茨于 1955 年所提出的收入分配状况随经济发展过程而变化的曲线，是发展经济学中重要的概念。发展至今，它的应用从研究收入分配变化的模型拓展到较多领域，广泛应用于环境污染、农业生产和管理学等方面。包括一次项和二次项的倒"U"形 Kúznets 曲线方程表达式：

$$y = \alpha x^2 + \beta_1 x + \beta_2 \tag{5-1}$$

为了检验中国经济增长与煤炭消费量之间的 Kúznets 曲线关系，本书根据 Kúznets 曲线理论和典型研究思路，建立了如式（5-2）包括一次项、二次项的 Kúznets 曲线模型：

$$CC = \alpha GDP^2 + \beta_1 GDP + \beta_2 \tag{5-2}$$

式中，CC 代表煤炭消费量；GDP 代表国内生产总值；α、β_1、β_2 分别是二次项系数、一次项系数及常数项。

为判断煤炭消费速度脱钩和数量脱钩拐点，对式（5-2）求导数，得到式（5-3）：

$$CC' = 2\alpha GDP + \beta_1 \tag{5-3}$$

当 $CC' = 1$ 时，即当 $GDP = \dfrac{1-\beta_1}{2\alpha}$ 时，对应的点为经济增长速度与煤炭消费增长速度相等的拐点，即在此拐点左侧，煤炭消费增长速度快于经济增长速度，在此拐点右侧，煤炭消费增长速度慢于经济增长速度。此拐点的出现意味着经济增长对煤炭资源消费的依赖性由强变弱，表现为速度脱钩。

当 $CC' = 0$ 时，即当 $GDP = -\dfrac{\beta_1}{2\alpha}$ 时，对应的点为在经济增长过程中煤炭消费量由逐年增加向逐年减少转变的顶点，即在顶点左侧煤炭消费量伴随经济发展处于上升阶段，在顶点右侧煤炭消费量伴随经济发展开始减小。顶点的出现意味着经济增长对煤炭资源消费的依赖性将消失，表现出数量脱钩。

5.4.2 整体把握——基于全国数据的验证

考虑资料可获得性和研究可行性，本书选取中国 1990～2013 年全国及不同省（自治区、直辖市）国内生产总值（GDP）和对应的煤炭消费量（CC）分别作为经济增长、煤炭消费的衡量指标，全国层面的基础数据整理汇总如表 5-1 所示。

表 5-1　1990～2013 年全国国内生产总值及煤炭资源年消费量

年份	国内生产总值/亿元	煤炭消费量/亿t	年份	国内生产总值/亿元	煤炭消费量/亿t
1990	18774.3	10.53	1995	61129.8	13.70
1991	21895.5	11.06	1996	71572.3	13.91
1992	27068.3	11.57	1997	79429.5	13.59
1993	35524.3	12.13	1998	84883.7	13.52
1994	48459.6	12.89	1999	90187.7	13.89

续表

年份	国内生产总值/亿元	煤炭消费量/亿 t	年份	国内生产总值/亿元	煤炭消费量/亿 t
2000	99776.3	14.10	2007	268019.4	27.92
2001	110270.4	14.38	2008	316751.7	28.68
2002	121002.0	15.18	2009	345629.2	30.22
2003	136564.6	17.96	2010	408903.0	30.93
2004	160714.4	20.77	2011	484123.5	33.32
2005	185895.8	23.39	2012	534123.0	33.73
2006	217656.6	25.75	2013	588018.8	34.65

资料来源：《中国统计年鉴 2014》，以下如无特殊说明，资料来源同此处。

为精确计算模型参数，将各个年份的指标数据代入式（5-1），通过 SPSS Statistics 20 统计软件对全国数据进行 Kúznets 曲线估计，如图 5-5 所示。

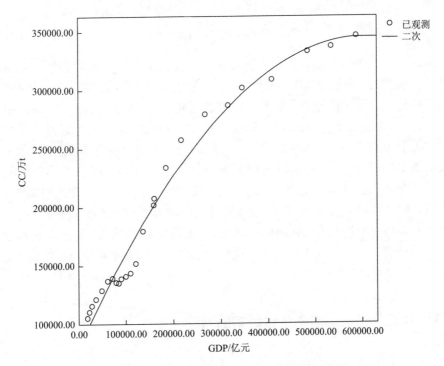

图 5-5 基于全国数据的 Kúznets 曲线拟合图

结合式（5-1），进一步估计和测算全国层面 Kúznets 方程的各项参数、拐点和顶点情况，如表 5-2 所示。

表 5-2　基于全国数据的 Kúznets 方程参数

R^2	F	α	β_1	β_2
0.975	445.84	-7.20×10^{-7}***	0.87***	80231.22***

拐点 GDP$(1-\beta_1/2\alpha)$/亿元	出现年份	顶点 GDP$(-\beta_1/2\alpha)$/亿元	顶点 CC/万 t	出现年份
—	—	607042.40	345627.72	2013

***代表带 1%水平下显著；—代表拐点 GDP 出现在模拟的曲线前段（即第二象限内），不在研究时间序列内，由于第二象限负值原因无法求取拐点年份。

　　根据表 5-2 可得到 Kúznets 方程为

$$CC = -7.20\times10^{-7}\,GDP^2 + 0.87GDP + 80231.22 \tag{5-4}$$

式中，CC 代表全国 1990 年来每年的煤炭消费量；GDP 代表 1990～2013 年每年的国内生产总值。

　　进一步求导后的 CC′ 为

$$CC' = -1.44\times10^{-13}\,GDP + 0.87 \tag{5-5}$$

　　从表 5-2 中 R^2 检验和 F 检验比较来看，此 Kúznets 曲线拟合优度较好，Kúznets 曲线每项参数显著性全部达到 1%显著水平，说明基于全国数据的 Kúznets 参数估计具有统计学意义，很好地验证了 5.3 节的研究假说，因此全国经济增长与煤炭消费存在 Kúznets 曲线关系。煤炭消费拐点值出现时的 GDP 可以通过式（5-3）中 CC′等于 1 求得，其值由于出现在第二象限为负而难以确定，煤炭消费顶点值出现时的 GDP 通过式（5-3）中 CC′等于 0 求得为 607042.40 亿元，相应的煤炭消费顶点值通过式（5-5）求得，为 345627.27 万 t，基本与 2013 年煤炭消费量较为一致，同时该研究结果与《中国低碳发展报告（2015—2016）》发布的"中国煤炭消费总量很有可能已在 2013 年达到峰值，未来煤炭消费难以显著高于 2013 年水平"的研究结论十分吻合，进一步说明本书的假说、模型和结果的可信性及科学性。

5.4.3　局部分析——基于各省数据的验证

　　参照全国层面的验证思考和方法，本书进一步对中国 31 个省（自治区、直辖市）的基础数据进行建模，进而运用 SPSS Statistics 20 统计软件求其 Kúznets 方程参数，结果如表 5-3 所示。

表 5-3　基于 31 个省（自治区、直辖市）的 Kúznets 方程参数估计

区域	省（自治区、直辖市）	R^2	F	α	β_1	β_2
东部	北京	0.786	35.91	-6.90×10^{-6}***	0.11***	2420.80***
	上海	0.899	85.56	-8.46×10^{-6}***	0.30***	3139.35***
	江苏	0.977	396.13	-4.73×10^{-6}***	0.68***	4253.02***
	浙江	0.989	850.05	-1.22×10^{-5}***	0.81***	1092.12***
	天津	0.963	251.59	-1.70×10^{-5}***	0.49***	1820.79***
	河北	0.988	804.48	-2.41×10^{-5}***	1.61***	5546.17***
	福建	0.968	285.67	-1.95×10^{-5}***	0.82***	-192.92
	山东	0.971	314.50	-1.59×10^{-5}***	1.57***	334.71
	海南	0.880	63.62	-7.88×10^{-6}	0.32***	66.37
	广东	0.987	735.87	-2.08×10^{-6}***	0.39***	2162.37***
	区域	0.985	624.92	-1.18×10^{-6}***	0.79***	20958.20***
中部	山西	0.943	159.28	-1.72×10^{-4}***	4.20***	8682.09***
	江西	0.962	238.70	-1.90×10^{-5}***	0.67***	1595.54***
	河南	0.973	338.52	-3.60×10^{-5}***	1.91***	1358.31**
	湖北	0.859	58.73	-2.50×10^{-5}***	1.12***	2341.95**
	湖南	0.879	70.19	-2.49×10^{-5}***	1.01***	1919.46***
	安徽	0.992	1160.97	-3.15×10^{-5}***	1.28***	2400.86***
	区域	0.973	338.62	-7.10×10^{-6}***	1.61***	18186.43***
西部	广西	0.984	599.98	-1.53×10^{-5}***	0.67***	1013.43***
	四川	0.668	20.15	-1.21×10^{-5}	0.59***	4727.05***
	贵州	0.963	246.19	-1.84×10^{-4}***	2.78***	2813.89***
	重庆	0.929	106.28	-5.44×10^{-5}***	1.12***	897.34**
	云南	0.959	220.94	-9.81×10^{-5}***	1.95***	312.28
	内蒙古	0.971	314.49	-6.33×10^{-5}***	3.07***	2128.11**
	陕西	0.982	523.87	-6.53×10^{-7}	0.95***	2042.66***
	甘肃	0.980	462.84	-5.12×10^{-5}***	1.15***	1566.72***
	青海	0.947	171.06	-1.10×10^{-4}	0.99***	349.81***
	宁夏	0.972	297.08	-3.12×10^{-4}	3.98***	423.15*
	新疆	—	$<F_{0.95(1,n-2)}$	>0	—	—
	西藏	—			—	—
	区域	0.981	499.69	-4.78×10^{-6}***	1.45***	12409.79***
东北部	辽宁	0.961	233.84	-1.60×10^{-5}***	0.90***	6131.97***
	吉林	0.959	222.25	-2.59×10^{-5}***	0.95***	3162.86***
	黑龙江	0.920	109.68	-5.97×10^{-6}	0.79***	4104.29***
	区域	0.956	206.01	-6.00×10^{-6}***	0.91***	13148.28***

注：$F_{0.95(1,n-2)}$ 为 F 分布表中，0.95 置信区间下，1 个自变量且自由度为 $n-2$ 下的 F 值（n 为各省份的数据组数）。当模型的 F 值 $<F_{0.95(1,n-2)}$ 时，Kúznets 方程不能通过显著性检验，下同；***代表在 1%水平下显著，**代表在 5%水平下显著，*代表在 10%水平下显著；—代表无数据。

根据表 5-3 可以看出，由于西藏无数据未有分析，30 个省（自治区、直辖市）中 F 和 t 显著性检验除新疆无法通过、四川较差通过显著性检验外，其余省（自治区、直辖市）F 和 t 值均能够较好通过显著性检验。为便于分析比较，依据统计学的一般要求，以 R^2 和 F 值作为模型拟合程度高低划分和是否验证假说的依据，参考相关研究成果[13-18]，取 $R^2 = 0.70$ 为阈值，$R^2 > 0.70$ 时接受假设，反之则拒绝假设。其中，模型的 $R^2 > 0.95$ 时拟合程度非常高，此时 F 值满足显著性水平，模型最优，很好地验证了研究假说；模型的 $0.70 < R^2 < 0.95$ 时拟合程度较高，此时 F 值基本满足显著性水平，模型较优，较好地验证了研究假说；模型的 $R^2 < 0.70$ 时拟合程度不高，F 值不能通过显著性检验，模型不成立，无法验证研究假说。经过整理汇总，31 个省（自治区、直辖市）数据的 Kúznets 方程模型拟合程度及其假说验证情况如表 5-4 所示。

表 5-4　31 个省（自治区、直辖市）数据的 Kúznets 模型拟合程度及假说验证情况

模型拟合程度	省（自治区、直辖市）	数量	假说验证情况
最优	江苏、浙江、天津、河北、福建、山东、广东、江西、河南、安徽、广西、贵州、云南、陕西、甘肃、内蒙古、宁夏、辽宁、吉林	19	很好 （$R^2 > 0.95$）
较优	北京、上海、海南、山西、湖北、湖南、重庆、青海、黑龙江	9	较好 （$0.70 \leqslant R^2 \leqslant 0.95$）
一般	新疆、四川	2	一般 （$R^2 < 0.70$）
无数据	西藏	1	—

进而借助式（5-3）分别求得的全国不同区域和 29 个省（自治区、直辖市）（西藏缺数据，新疆未通过显著性检验）GDP、煤炭消费拐点及顶点情况见表 5-5 所示。其中，大多数省（自治区、直辖市）已经出现煤炭消费的拐点。特别说明的是，由于河北、海南、广东、江西、安徽、广西、内蒙古、陕西、甘肃、青海、宁夏、江苏、吉林及黑龙江 14 个省（自治区、直辖市）煤炭消费仍然处于爬坡阶段，截至 2013 年尚未出现顶点，因此借助时间序列法分别预测各省（自治区、直辖市）2013 年后逐年 GDP 增长趋势，进而判断各省（自治区、直辖市）及区域出现顶点的年份。

表 5-5　各省（自治区、直辖市）煤炭消费拐点、顶点及出现年份

区域	省（自治区、直辖市）	拐点 GDP $(1-\beta_1/2\alpha)$ /亿元	出现年份	顶点 GDP $(-\beta_1/2\alpha)$ /亿元	顶点 CC/万 t	出现年份
东部	北京	—	—	8241.61	2889.34	2006
	上海	—	—	17681.95	5784.69	2010
	江苏	—	—	72382.53	29029.35	2016
	浙江	—	—	33166.99	14556.72	2011

续表

区域	省（自治区、直辖市）	拐点 GDP $(1-\beta_1/2\alpha)$ /亿元	出现年份	顶点 GDP $(-\beta_1/2\alpha)$ /亿元	顶点 CC/万 t	出现年份
东部	天津	—	—	14271.38	5283.22	2013
	河北	12643.00	2006	33415.75	32423.03	2015
	福建	—	—	21031.51	8419.14	2012
	山东	18069.23	2005	49535.56	39325.13	2012
	海南	—	—	20198.07	3281.52	2045
	广东	—	—	92970.72	20166.89	2018
	区域			336533.50	154485.61	2013
中部	山西	9302.15	2010	12209.13	34320.90	2012
	江西	—	—	17539.29	7428.15	2016
	河南	12611.66	2006	26488.98	26639.34	2011
	湖北	2321.75	1996	22289.80	14782.70	2012
	湖南	204.00	1981	20292.39	12168.69	2011
	安徽	4376.09	2004	20274.34	15328.34	2014
	区域	43233.47	2006	113705.64	109917.49	2012
西部	广西	—	—	22081.25	8449.05	2018
	四川	—	—	24472.70	11967.92	2012
	贵州	4832.35	2010	7549.74	13301.62	2013
	重庆	1062.13	1995	10246.56	6613.10	2012
	云南	4851.40	2007	9950.84	10021.12	2011
	内蒙古	16348.52	2013	24243.67	39350.66	2017
	陕西	—	—	728181.61	348029.78	2035
	甘肃	1439.89	2003	11205.52	7995.58	2021
	青海	—	—	4503.20	2580.49	2023
	宁夏	4776.33	2020	6378.89	13118.51	2024
	区域	33593.50	2013	151903.79	122730.22	2016
东北部	辽宁	47323.15	2007	27980.56	18658.56	2013
	吉林	—	—	18328.34	11863.40	2017
	黑龙江	—	—	66083.05	30157.63	2039
	区域	—	—	75617.58	47456.39	2017

注：拐点是指 $CC'=1$ 的点，即经济增长与煤炭消费的速度脱钩点，其中部分拐点 GDP 值用—表示，是因为该值出现在选择的时间序列模拟的曲线前段（第二象限内，一般为负值），因此无法取拐点年份；由于表格结果是对全国、区域和不同省（自治区、直辖市）分别进行计量模型估计得出的，因此全国和区域层面的估计，尤其是预测结果不一定与区域内部预测结果求和后相吻合，以下无特殊说明，原因同此处。

依据 Kúznets 曲线参数估计结果，可得到所选东部、中部、西部和东北部地区及 29 个省（自治区、直辖市）（西藏缺数据，新疆未通过检验除外）的煤炭消费与 GDP 定量关系，进而通过对各地"十三五"规划中 2020 年 GDP 发展目标的查找，结合曲线方程估计参数，代入式（5-2），得到不同区域 2020 年煤炭消费量预测值为 274014.91 万 t，其他区域及省市区具体如表 5-6 所示。

表 5-6　各省（自治区、直辖市）煤炭消费预测值

区域	省（自治区、直辖市）	"十三五" GDP 目标/亿元	2020 年煤炭消费量预测值/万 t
东部	北京	28227.20	134.10
	上海	33569.40	3649.04
	江苏	98152.25	25888.92
	浙江	55495.30	8454.43
	天津	32530.14	384.28
	河北	45673.16	28806.65
	福建	38710.34	2333.97
	山东	91629.81	11169.22
	海南	4129.00	1246.52
	广东	103648.75	19929.38
	区域	531765.36	84070.14
中部	山西	18377.66	27776.18
	江西	25381.18	6262.20
	河南	46184.72	12662.51
	湖北	31935.22	12453.13
	湖南	32075.92	8712.67
	安徽	24718.66	14707.14
	区域	178673.36	61344.33
西部	广西	19139.70	8317.09
	四川	34370.96	10783.39
	贵州	15602.97	1368.39
	重庆	20527.12	859.33
	云南	14448.36	8037.79
	内蒙古	27925.75	38492.05
	陕西	24934.04	25331.24
	甘肃	8241.50	7545.77
	青海	3485.75	2466.61
	宁夏	3379.30	10311.28
	区域	172055.44	92669.10

区域	省（自治区、直辖市）	"十三五" GDP 目标/亿元	2020 年煤炭消费量预测值/万 t
	辽宁	42567.72	15254.00
东北部	吉林	20273.93	11765.36
	黑龙江	22462.74	18805.93
	区域	85304.38	35931.35
全国		922373.48	274014.91

资料来源：《中国统计年鉴 2014》和各省"十三五"规划。

注：《中国煤炭消费总量控制规划研究报告》提出到 2020 年中国煤炭消费总量为 27.2 亿 t，与本书研究结果较为接近。

结合表 5-4 和表 5-5 能够得出，至 2020 年（"十三五"规划收尾年），中国几乎大部分省份都已经历了经济增长与煤炭消耗的数量脱钩点，可以推断"十三五"规划之后，我国经济增长大都不再高强度依赖煤炭消费来实现社会经济的平稳发展。

5.4.4　现实指导意义

根据全国及 30 个省（自治区、直辖市）经济增长与煤炭消费的 Kúznets 曲线关系假说验证结果，得到以下三点现实指导意义。

其一，预测煤炭消费规模上限。经济增长与煤炭消费 Kúznets 曲线关系的第二个关键转变节点为煤炭消费量的顶点，即煤炭消费增长速度为零的点，也是对煤炭消费的规模上限极值点，这对煤炭消费总量调控具有重要参考价值，能够为我国能源结构调整提供定量依据。就全国而言，根据全国经济增长与煤炭消费量的 Kúznets 方程参数（表 5-2），可知当全国 GDP 达到 607042.40 亿元时，全国煤炭年消费量顶点值为 345627.72 万 t，此时煤炭消费达到上限规模，其增长率为 0；当全国 GDP 超过 607042.40 亿元后，煤炭消费开始减少，其增长率变为负值，这意味着经济增长将不再对煤炭资源消费产生强依赖性。

根据《中华人民共和国 2014 年国民经济和社会发展统计公报》统计结果初步核算，2014 年 GDP 值为 636463 亿元，而 2013 年 GDP 值为 588018.80 亿元，结合全国煤炭消费量顶点值的 GDP 结果，可以判断全国煤炭消费量应在 2013～2014 年达到顶点值，而模型估计结果为 2013 年，符合经济发展预期。对 30 个省（自治区、直辖市）而言，根据各省份经济增长与煤炭产量的 Kúznets 模型参数，可按照各省（自治区、直辖市）假说验证结果调整省级层面的煤炭消费规模。具体各省份的煤炭消费规模上限即顶点值及其出现时间预测如表 5-5 所示，其中，陕西的煤炭消费规模上限最大，为 348029.78 万 t，北京的煤炭消费规模上限最小，仅为 2889.34 万 t。根据 Kúznets 曲线预测出各省份的煤炭消费规模上限出现的时间也各有差异，北京煤炭消费量顶点值最早于 2006 年出现，上海煤炭消费量顶点值紧随其后，于 2010 年出现，浙江、河南、湖南、云南煤炭消费量顶点值于 2011 年出现，福建、山东、山西、湖北、四川、重庆煤炭消费量顶点值于 2012 年出现，天津、贵州、辽宁煤炭消费量顶点值于 2013 年出现；截至 2013 年其余省份尚未出现煤炭消费量顶点值。

整体上判断，煤炭消费顶点出现早晚与经济发展水平呈现正相关性，即表现为东部、中部、西部和东北部地区煤炭消费拐点从早到晚依次出现顶点特征。

其二，把握煤炭消费量的拐点。经济增长与煤炭消费 Kúznets 曲线关系的第一个关键转变节点为煤炭消费速度拐点，即为煤炭消费增长速度与经济增长速度相等的点，这对提高煤炭消费利用效率具有一定意义。就全国而言，根据表 5-2，我国煤炭消费的 Kúznets 曲线的拐点出现在模拟的曲线前段（第二象限内），因此在研究时间序列内，经济增长对煤炭消费的依赖性已经开始减弱。同理，对 29 个省（自治区、直辖市）而言，也可求得煤炭消费的拐点。由表 5-5 可知，河北、山东、山西、河南、湖北、湖南、安徽、贵州、重庆、云南、内蒙古、甘肃、辽宁等各省（自治区、直辖市）煤炭消费均于不同时期达到拐点。可能由于数据时间序列较短、许多拐点 GDP 出现在第二象限为负值，难以揭示其空间差异性和分布规律。

其三，揭示煤炭消费量的规律。经济增长与煤炭消费的 Kúznets 曲线假说验证能够解释两个关键转变节点：拐点和顶点，并且在拐点出现年份之前，煤炭消费量一直处于加速增长阶段，且煤炭消费的增长速度大于经济增长速度，经济发展对煤炭消费存在强依赖性（强挂钩），在拐点至顶点出现年份之间，煤炭消费量仍将处于减速递增阶段，煤炭消费的增长度小于经济增长速度，经济发展对煤炭消费存在弱依赖性（弱挂钩）；在顶点出现年份之后，煤炭消费量将进入递减阶段，经济发展将不再对煤炭消费存在依赖性（强脱钩）。把握这一规律对我国煤炭消费结构调整具有较大指导性意义，有利于煤炭能源高效利用和结构优化升级。就全国而言，根据表 5-2 中求得的 Kúznets 曲线拐点和顶点出现年份可知，煤炭消费顶点出现在 2013～2014 年，而拐点出现在研究时间序列之前，这表明在 1990～2013 年，全国煤炭消费量一直处于增长状态，且煤炭消费增长度小于经济增长速度，说明经济增长对煤炭消费的依赖处于弱依赖性阶段，2014 年以后中国经济发展对煤炭的依赖性逐渐消失。另外，对于 29 个省（自治区、直辖市）而言，拐点和顶点的出现时点及煤炭消费规模差别明显（见表 5-5），两个关键点出现时点整体上呈现东中部地区明显早于西部、西部又明显早于东北部地区的特征。

5.5　本章小结

本章基于煤炭消费需求视角，在把握经济发展与煤炭消费一般规律的基础上，提出研究假说，进而构建 Kúznets 曲线模型进行实证分析和假说验证，以便从宏观需求层面提出化解地-矿冲突调控路径，得出以下研究结果。

（1）理论分析判断，在工业化、城市化的初级阶段发展到高级阶段的过渡过程中，经济发展对于煤炭消费的需求量逐渐增加，而随着新能源的发现及应用，能源消费结构发生转变，煤炭逐渐被新能源或其他要素替代，经济发展对于煤炭消费需求量逐渐减少，由此本章提出研究假说：在快速城市化、工业化初级阶段过渡到高级或后工业化阶段进程中，经济发展对煤炭消费的强依赖逐渐转变为弱依赖甚至依赖性消失，并出现煤炭消费的速度脱钩点和数量脱钩点，类似于美国经济学家西蒙·史密斯·库兹涅茨于 1955 年所提出的收入分配状况随经济发展过程而变化的 Kúznets 曲线（倒"U"曲线）关系。

（2）实证检验显示，全国及天津、山西、河北、内蒙古等 28 个省（自治区、直辖市）较好地验证了经济发展与煤炭消费的 Kúznets 曲线（倒"U"曲线）规律和假说。中国经济发展对煤炭消费的依赖性由强到弱，消费顶点值出现在 2013～2014 年，即全国于 2014 年后出现数量脱钩点，从此煤炭消费量将随着经济增长呈现减小趋势，该研究结果与《中国低碳发展报告（2015—2016）》发布成果十分吻合。同时全国大多省（自治区、直辖市）均已于不同时间出现速度脱钩和数量脱钩拐点，如北京市最早于 2006 年出现数量脱钩点，上海、浙江、天津、福建、山东、重庆、湖南、云南、辽宁等 22 个省（自治区、直辖市）紧随其后在 2010～2020 年达到经济发展与煤炭消费的数量脱钩阶段，基于 GDP 增长率的预测，其余各省（自治区、直辖市）基本将于 20～30 年内进入数量脱钩阶段。因此，整体上看中国经济发展对煤炭消费的依赖性正不断减弱。

（3）煤炭调控建议，首先中国以后煤炭消费不应该超过 2013～2014 年煤炭年消费量达到的 345627.27 万 t 的顶点值，与 2014 年 38.70 亿 t 煤炭产量相比，中国有 4.14 亿 t 过剩煤炭产能，同时依据 Kúznets 曲线规律判断，未来中国及各区域煤炭消费将会继续减少，至 2020 年中国煤炭消费总量调控上限不应超过 27.40 亿 t，该调控规模与《中国煤炭消费总量控制规划研究报告》提出的 2020 年中国煤炭消费总量为 27.20 亿 t 较为接近，并且中国煤炭消费和生产重心西移，其中西部地区煤炭消费规模最大为 92669.10 万 t、东部地区煤炭消费调控规模紧随其后为 84070.14 万 t、中部地区煤炭消费调控规模排第三位为 61344.33 万 t、东北部地区煤炭消费调控规模最小为 35931.35 万 t，2020 年各省（自治区、直辖市）的煤炭消费调控规模如表 5-6 所示，由此判断东、西部地区是煤炭消费调控重点区域。

由此可见，通过经济增长与煤炭消费量的 Kúznets 曲线验证，不仅可以深刻认识经济增长与煤炭消费量之间的规律，而且可以在把握不同阶段煤炭消费量规律基础上预测合理的消费规模，进而为公共政策创新和化解煤炭城市地-矿冲突提供宏观需求层面的调控参考和定量依据。

第6章　地-矿冲突系统模拟：中观供给调控

本章从供给视角，以承载力为载体将土地利用与煤炭开采、城市发展和经济建设纳入统一综合系统，并运用系统动力学方法，从中观层面多情景模拟煤炭城市地-矿冲突机理、作用机制和发展态势，进而为化解"三加"特征的地-矿冲突提供中观层面的决策参考和定量依据。

6.1　分析框架与研究思路

6.1.1　逻辑框架

对于煤炭资源型城市，煤炭资源的开发在创造经济效益的同时又会对土地资源造成不可避免的破坏，影响土地物质生产能力、存在形式、生态环境的可持续性[115,116,236]。如图 6-1 所示的压力-状态-响应（pressure-state-response，PSR）模型，当煤炭开发活动对土地资源施加的压力 P 刚好等于其承载能力 S 时，表明该土地系统处于可持续与不可持续的临界状态；当施加的压力小于土地的承载能力时，该土地系统的状态是可持续的；而当施加的压力大于其承载能力时，该土地系统的状态是不可持续的。

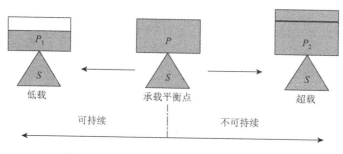

图 6-1　承载能力与可持续发展的逻辑关系

2013 年中国煤炭开采增量相当于整个南非当年总产量，其中山西省的煤炭产量相当于美国煤炭产量的 3 倍，土地生态系统无法承受。因此，化解地-矿冲突有必要建立系统动力学模型，模拟煤炭城市资源开采土地承载力状况和发展态势，进而为地-矿协同策略和可持续发展方式选择提供决策参考和调控依据。而系统动力学认为系统行为源于系统结构，外部环境对系统行为模式的影响是通过内部结构起作用，因此合理确定系统边界及分析它的结构是构建系统模型的关键[237]。图 6-2 反映了煤炭开采与土地承载力耦合的 PSR 框架，框架内各要素相互作用、相互反馈的过程反映了煤炭开采与土地承载力之间耦合过程，为系统模型的设计提供了分析框架和研究基础。

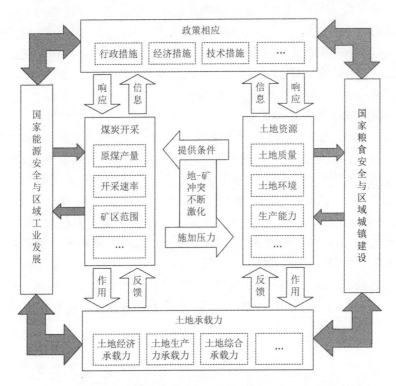

图 6-2　煤炭开采与土地承载力耦合的 PSR 框架

　　具体到煤炭开采与土地承载力之间的 PSR 耦合关系，就是它们之间所具有的各种非线性关系的总和，其耦合作用表现为两个方面：一是煤炭开采造成的土地沉陷、土地压占、土地污染等对土地资源产生胁迫，其结果往往是土地退化，土地承载力降低。煤炭作为基础能源和极为重要的工业原料，强有力地支撑着区域尤其是煤炭富集地区的经济发展，为 GDP 增长做出卓越贡献的同时提高土地经济承载力；二是限于"十分珍惜、合理利用土地和切实保护耕地"的基本国策，政府会制定相应的煤炭战略，采取法律、经济、技术等手段措施，限制煤炭行业的扩张以保护土地资源使其处于安全状态，其结果会制约煤炭开采和消费，在提高土地生产力和承载力的同时会对土地经济承载力产生负面影响。

6.1.2　研究进展与思路

　　土地承载力理论是可持续发展的重要基础和主要组成部分，把土地承载力理论与评价手段演变成可操作的管理模式，能够为拟定符合现实的发展规划提供一种卓有成效的方法[238,239]。土地承载力思想由来已久，直到 17 世纪末期，在英国人口学家马尔萨斯（Malthus）的研究中初见雏形[240]。1949 年美国的福格特（Vogt）[241]和阿伦（Alan）[242]给出了土地承载力的明确定义。20 世纪 70 年代以后该思想内涵继续丰富，土地承载力的定义可概括为：一定技术水平、投入强度下，一个国家或地区的土地维持一定消费水平的最大人口数量[243]。

　　目前关于土地承载力的研究主要侧重于人口-耕地-粮食之间的关系[244-253]，并由人口规模扩展到元素、能量的承载，由土地系统扩展到自然资源-社会经济综合系统[254-261]。而对特定资源型城市的土地承载力研究并不多见，本章将主流的研究焦点（人口-土地-粮食）与煤炭资源型城市的矿产开发活动（煤炭-土地-经济）相融合，结合第 4 章经济发展与土地资源、煤炭资源关系计量结果，构建如图 6-3 所示的地-矿协同分析框架，以系统动力学模型作为支撑，针对煤炭资源型城市土地承载力的特殊问题和复杂系统，从中观层面上构建符合区域实际的土地综合承载力系统模型，并选择煤炭资源相对丰富、开发强度较高和生态环境较为脆弱的乌海市为例，进行系统模型实证分析和多情景仿真模拟。

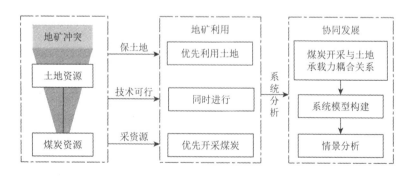

图 6-3　地-矿系统协同分析框架

6.2 系统模型构建

6.2.1 基本原理

系统动力学（system dynamics，SD）是 1956 年由麻省理工学院（Massachusetts Institute of Technology，MIT）的福瑞斯特（Forrester）创立，是系统学理论的一个分支[238]。它最基本的结构是一阶反馈回路，所有复杂的系统都是由这样的反馈回路构成。LEV（状态变量）的变化取决于 RT（速率）的影响结果，而 RT 的产生分为：①依靠 RTV（速率值）反馈的自我调节；②在特定条件下按照系统本身的特殊规律发展，而不是依赖反馈。系统动力学的两种基本结构如图 6-4 所示。

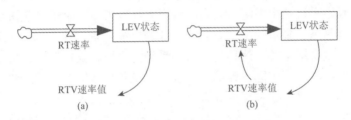

图 6-4 系统动力学的两种基本结构

简单来说，系统动力学的核心原理即系统的行为模式源于系统内部的反馈机制。具体可概括为 3 点：其一，主导动态结构作用。在系统内部的诸多反馈回路中，在其发展运动的各个阶段，总是存在一个或一个以上的主要回路（主导回路），主导回路的性质及回路中各个变量间的相互作用，主要决定了系统行为的性质及发展；其二，敏感变量和子结构。在主回路或两种极性回路的连接处会存在一些灵敏变量（参数）与子结构，其微小变化或者涨落作用会使主回路转移或改变主回路的极性，导致整个系统的性质及发展产生质的变化；其三，历史性与进化规律。系统的发展随时间变化，过程会包含一些在时间上先后关联具有质的差异的阶段。系统中量的变化超过一定范围时，会发生质变和新旧结构的更替及消失。

对现实系统的仿真可以利用 DYNAMO 语言和 Vensim PLE 软件在计算机上实现。根据系统的整体性和层次性，应用综合和分解原则研究分析系统，明确系统边界。确定边界时，要根据建模的目的选择边界，尽量缩小边界范围，剔除不必要的变量要素。系统动力学模型并不是实际系统的复制品，构建的结构模型与数学模型，是实际系统的简化与代表，最终根据真实的数据检验模型的有效性。通过数学模型中常数值的更改，可以进行情景的模拟，根据模拟结果给出政策建议。其建模流程图 6-5 所示。

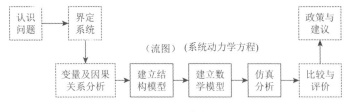

图 6-5 建模流程

土地综合承载力分析系统是一个复杂的大系统，随着社会的发展与人们认识的加深，其影响因素已不是过去单纯的以粮食生产为单一指标，以土地生产力的静态分析为主，它是一个由许多相互作用、相互关联的要素构成的一个非线性的、开放的大系统，系统的演化受经济发展水平、社会发展水平、土地环境条件、矿区资源状况、政策因素等多方面因素的影响。其具有如下 3 个特点：其一，矿区土地综合承载力系统是由经济承载力、生产力承载力等多个子系统决定的，其内部的因素具有复杂、多重的高阶次、非线性的反馈关系；其二，矿区土地综合承载力行为的产生是动态的。这种动态行为受经济环境、人口发展、生态环境质量等多方面影响；其三，矿区土地综合承载力会受各种政策的影响。政府以可持续发展为原则，对矿区土地利用进行合理规划来实现矿区人口、土地、经济的协调发展，影响整个系统的发展趋势。基于这 3 个特点，并借助 Vensim PLE 软件人工编辑 DYNAMO 方程，运用系统动力学方法研究矿区土地综合承载力是可行的，并针对研究区现实情况，设计系统动力学模型。

6.2.2 变量选择

对于变量选择，在对经济发展与土地、煤炭关系计量分析基础上，考虑模型中指标的输出需要，模型选择原煤产量、GDP、总人口、耕地面积等 12 个流位变量（L）、16 个流率变量（R）、15 个辅助变量（A）和 13 个常量（C）。各变量属性具体汇总如表 6-1 所示。

表 6-1 变量属性列表

序号	变量名	变量类型	变量单位	序号	变量名	变量类型	变量单位
1	原煤产量	L	万 t	7	固定资产投资	A	亿元
2	原煤产量增加量	R	万 t	8	固定资产投资比例	A	—
3	投资增长率	A	—	9	人均 GDP	A	亿元
4	GDP 增长量	R	亿元	10	人均消费支出	A	万元
5	万吨煤 GDP	A	亿元/万 t	11	经济承载力	A	人
6	GDP	L	亿元	12	总人口	L	人

续表

序号	变量名	变量类型	变量单位	序号	变量名	变量类型	变量单位
13	人口增加量	R	人	35	矸石总量	L	万 t
14	平均增长率	C	—	36	矸石利用量	R	万 t
15	粮食总需求	A	t	37	矸石产生率	C	—
16	粮食消费水平	C	t/年	38	矸石利用率	C	—
17	土地生产力承载力	A	人	39	土地塌陷量	R	hm²
18	土地综合承载力	A	人	40	土地塌陷率	C	—
19	土地综合承载力差	A	人	41	土地塌陷面积	L	hm²
20	粮食总产量	A	t	42	土地挖损量	R	hm²
21	粮食供需差	A	t	43	土地挖损率	C	—
22	粮食单产	A	t	44	土地挖损面积	L	hm²
23	粮食播种面积	A	hm²	45	污染面积增加量	R	hm²
24	播种指数	C	—	46	污染比例	C	—
25	耕地面积	L	hm²	47	土地污染面积	L	hm²
26	耕地面积减少量	R	hm²	48	污染治理面积	R	hm²
27	补充耕地面积	R	hm²	49	土地压占量	R	hm²
28	耕地面积比例	C	—	50	土地压占面积	L	hm²
29	粉煤灰产生量	R	万 t	51	压占比例	C	—
30	粉煤灰产生率	C	—	52	破坏增加量	R	hm²
31	粉煤灰总量	L	万 t	53	土地破坏面积	L	hm²
32	粉煤灰利用量	R	万 t	54	宜耕待复垦土地面积	L	hm²
33	粉煤灰利用率	C	—	55	重度污染比例	C	—
34	矸石产生量	R	万 t	56	复垦量	R	hm²

　　根据土地综合承载力系统的系统动力学流程图，全面收集有关数据、文献与资料，确定流位变量的初始值，对变量之间的关系进行具体分析，并通过对常数值的计算，建立系统动力学方程。其参数值主要通过 4 种方式获得：其一，收集整理现有的数据，如统计年鉴、已有研究成果、相关政府部门的公报等；其二，利用历史统计资料计算平均值，如播种指数的计算；其三，采用 SPSS 软件对变量进行回归分析、移动平均，如人均消费支出、粮食单产的计算；其四，系统动力学表函数表达式与阶跃函数，如建立煤炭产量增加因子表函数确定原煤产量与投资之间的关系。使用阶跃函数表示固定资产投资比例，可减小仿真结果与真实数据之间的误差。

6.2.3　模型建立

　　土地综合承载力系统的 SD 流程图如图 6-6 所示。模型中的变量说明见表 6-1。

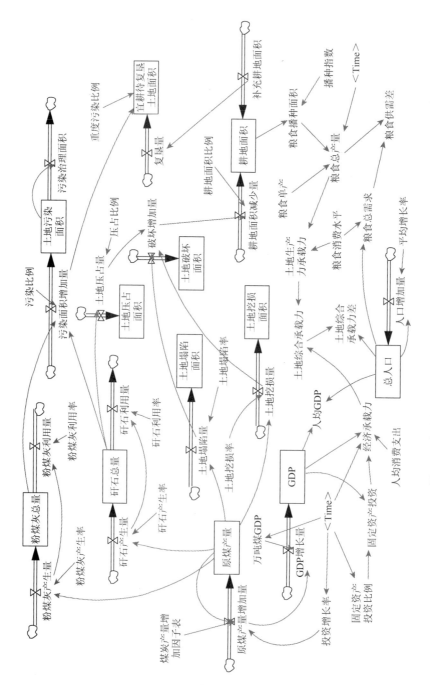

图 6-6　乌海市土地综合承载力系统 SD 流程图

　　上述土地综合承载力系统 SD 流程图显示，可以分解为人口子系统、耕地子系统、煤炭开采子系统、经济子系统、承载力子系统等子系统。并由 Vensim PLE 软件分析，可得各子系统的原因树和结果树。

　　乌海市 SD 流程图中主要子系统的原因树（Causes Tree）与结果树（Uses Tree）如下（图 6-7～图 6-16）。

　　1）人口子系统

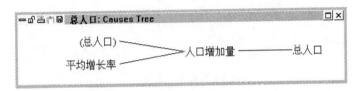

图 6-7　乌海市模型人口子系统原因树

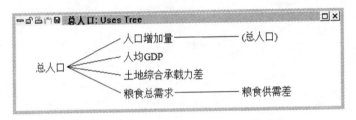

图 6-8　乌海市模型人口子系统结果树

　2）耕地子系统

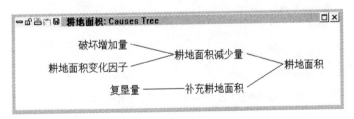

图 6-9　乌海市模型耕地子系统原因树

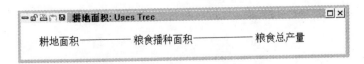

图 6-10　乌海市模型耕地子系统结果树

3）煤炭开采子系统

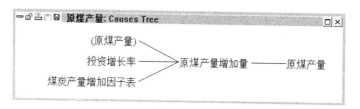

图 6-11　乌海市模型煤炭开采子系统原因树

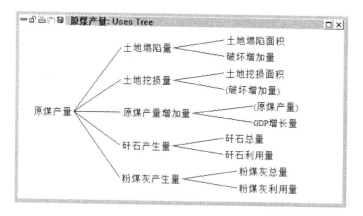

图 6-12　乌海市模型煤炭开采子系统结果树

4）经济子系统

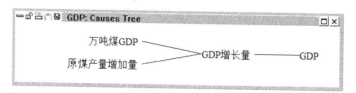

图 6-13　乌海市模型经济子系统原因树

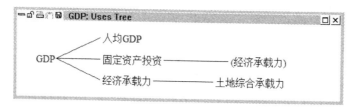

图 6-14　乌海市模型经济子系统结果树

5）承载力子系统

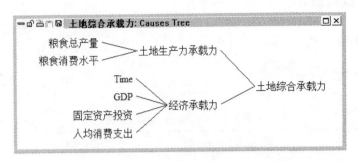

图 6-15　乌海市模型承载力子系统原因树

图 6-16　乌海市模型承载力子系统结果树

6.3　实证分析

根据 6.2 节研究思路及构建模型，对生态环境本底较为脆弱的乌海市进行实证分析。同时考虑数据可获得性、研究可行性及乌海市土地承载力系统的复杂性，以 2006 年为基期，模拟模型中各主要参数到 2020 年的变化态势和演变规律。并通过多情景模拟，探索煤炭城市的土地承载力情况及为达到地-矿协同发展需采取的发展方案。

6.3.1　研究区概况

乌海市是内蒙古自治区西部的新兴工业城市，地处黄河上游，东临鄂尔多斯高原，南与宁夏石嘴山市隔河相望，西接阿拉善草原，北靠肥沃的河套平原。是华北与西北的接合部，同时也是"宁蒙陕甘"经济区的接合部和沿黄经济带的中心区域，总面积 1754km²。区域生态环境本底相对脆弱。境内资源富集，尤其是煤炭资源，可说乌海市因煤而生，全市共有煤矿 60 个，是"先有矿、后有市，先有工、后有农"的典型煤炭资源型城市。

6.3.2 参数值估计

1. 初始值的确定

流位变量的初始值如表 6-2 所示。

表 6-2 流位变量的初始值表

流位变量	初始值（2006 年）	数据来源
原煤产量	1284.39 万 t	
GDP	152.4 亿元	《内蒙古统计年鉴 2007》
总人口	470100 人	
耕地面积	6600hm²	
粉煤灰总量	2373 万 t	
矸石总量	2700 万 t	2006 年《乌海市固体废弃物污染防治公报》
土地污染面积	210hm²	
土地塌陷面积	4980.44hm²	
土地挖损面积	3471.96hm²	《内蒙古自治区乌海市矿山地质环境保护与治理规划（2011—2015 年）》
土地压占面积	126hm²	
土地破坏面积	8516hm²	
宜耕待复垦土地面积	3819.42hm²	《乌海市土地整治规划（2011—2015 年）》

2. 常数值的确定

1）平均增长率

通过对乌海市人口增长态势模拟计算得知，2006～2013 年乌海市人口处于一个高速增长的阶段，采用综合增长法求出人口的平均增长率，构建模型为

$$K = \sqrt[n]{\frac{P_n}{P_0}} - 1 \qquad (6\text{-}1)$$

式中，K 代表平均增长率；P_n 代表末年人口；P_0 代表基年人口；n 代表测算年限。

将相关数据代入式（6-1），求得平均增长率 K 为 2.4%。

2）播种指数

以 2000～2011 年乌海市耕地与粮食播种面积数据为基础，通过计算粮食播种面积与耕地面积的比例，得出播种指数。数据如表 6-3 所示。

表 6-3 耕地面积、粮食播种面积情况表 （单位：hm^2）

年份	2000	2001	2002	2003	2004	2005
耕地面积	7000	7000	6440	6410	6100	6600
粮食播种面积	3770	3780	3710	3700	4300	4430
播种指数	0.54	0.54	0.58	0.58	0.70	0.67
年份	2006	2007	2008	2009	2010	2011
耕地面积	6600	7020	7036	7040	7040	7040
粮食播种面积	5000	4730	4600	4800	5033	4444
播种指数	0.76	0.67	0.65	0.68	0.71	0.63

根据表中的计算结果，播种指数取平均值为 0.6425。

3）粉煤灰、煤矸石利用率

乌海市固体废弃物污染防治公报数据如表 6-4 所示，根据表中数据得到粉煤灰利用率为 51.29%，煤矸石利用率为 59.23%。

表 6-4 固体废弃物产生利用情况表

指标	产生量/万 t	利用量/万 t	利用率/%	累计存量/万 t
煤矸石	504.6527	298.8894	59.23	2700
粉煤灰	433.1977	222.1743	51.29	2373

4）粉煤灰、煤矸石产生率

由表 6-4 中的煤矸石、粉煤灰产生量及当年的原煤产量的比例得到粉煤灰产生率为 11%，煤矸石产生率为 13%。

5）压占比例

由基期的煤矸石总量与土地压占面积之比求得压占比例为 0.046hm^2/万 t。

6）污染比例

由基期的粉煤灰总量与土地污染面积之比求得污染比例为 0.08hm^2/万 t。

7）土地塌陷率、挖损率

根据周妍等[262]对近 1200 个土地复垦方案的分析研究得出，内蒙古自治区井工开采小型煤矿土地塌陷范围在 0.01～1.44hm^2/万吨煤，中型煤矿在 0.01～0.58hm^2/万吨煤，大型煤矿在 0.01～0.81hm^2/万吨煤，加权平均万吨煤塌陷系数为 0.25hm^2。内蒙古自治区露天煤矿按地貌类型划分土地挖损系数为 0.25hm^2/万吨煤，按生产规模划分为 0.27hm^2/万吨煤，综合得到万吨煤挖损系数为 0.26hm^2。

8）表函数的确定

当两个变量存在非线性关系时，自变量与因变量的关系可以通过列表给出表函数来确定。方程可写为：Y 变量 $=X$ 因子表（X 变量），具体如式（6-2）所示。

$$Y = \text{with Lookup}(X, \{[(x_{\min}, y_{\min}) \sim (x_{\max}, y_{\max})](x_1, y_1) \cdots (x_n, y_n)\}) \quad (6\text{-}2)$$

式中，X 代表自变量；Y 代表因变量；$x_{\max}$ 代表自变量最大值；$y_{\max}$ 代表因变量最大值；$x_{\min}$ 代表自变量最小值；$y_{\min}$ 代表因变量最小值；x_i、$y_i (i = 1, 2, \cdots, n)$代表自变量与因变量的已知对应点。

因变量的最小值、最大值依据实际背景来确定，对应值点作为已知点可从历史数据中分析和计算得出。

9）人均消费支出

以乌海市 2000～2012 年人均消费支出的数据（表 6-5）应用 SPSS 软件进行二次非线性拟合回归，得到拟合方程如下：

$$y = 77.948x^2 + 418.714x + 2495.136 \quad (6\text{-}3)$$

该方程拟合优度 $R^2 = 0.998$。式中，x 代表 2000～2012 年对应的时间，取值从 1 开始；y 代表人均消费支出。

由该式得 2020 年乌海市人均消费支出为 45663.198 元。

表 6-5　乌海市 2000～2012 年人均消费支出情况表　　（单位：元）

年份	2000	2001	2002	2003	2004	2005	2006
人均消费性支出	3302.15	3533.19	4585.88	5005	6305	7716	9323.31

年份	2007	2008	2009	2010	2011	2012	
人均消费性支出	10655	12920	14962	16680	18471	20921	

10）粮食单产

以乌海市 2000～2013 年的粮食单产数据（粮食产量与粮食播种面积的比值）应用 SPSS 软件进行二次移动平均法直线预测。二次移动平均法直线预测模型为

$$Y_{t+T} = a_t + b_t \times T \quad (6\text{-}4)$$

$$a_t = 2M_t^{(1)} - M_t^{(2)}$$

$$b_t = \frac{2}{N-1}(M_t^{(1)} - M_t^{(2)})$$

式中，$M_t^{(1)}$ 代表第 t 期一次移动平均数；$M_t^{(2)}$ 代表第 t 期二次移动平均数；N 代表选择移动平均的时期数（本书选择 $N = 4$）。

预测结果如表 6-6 所示，代入表中的数据得

$$Y_{13+T} = 8.13 + 0.35 \times T \quad (6\text{-}5)$$

由式（6-5）求得 2020 年（$T = 7$）的粮食单产为 10.58t/hm²。

表 6-6　粮食单产与移动平均数值表

年份	2000	2001	2002	2003	2004	2005	2006
序号	1	2	3	4	5	6	7
粮食单产	5.81	5.93	6.23	6.27	6.74	7.22	6.82
一次移动平均	—	—	—	—	6.06	6.29	6.62
二次移动平均	—	—	—	—	—	—	—
年份	2007	2008	2009	2010	2011	2012	2013
序号	8	9	10	11	12	13	14
粮食单产	6.34	6.96	6.88	6.95	8.1	8.5	8.48
一次移动平均	6.76	6.78	6.84	6.75	6.78	7.22	7.61
二次移动平均	—	6.61	6.75	6.78	6.79	6.9	7.09

此外，经济承载力与生产力承载力对综合承载的权重，参考周杨慧等[263]的研究，将二者的权重确定为 0.5、0.5。粮食消费水平根据《国家粮食安全需求中长期规划纲要（2008—2020 年）》[264]确定粮食消费水平为每年每人 0.389t。

根据相关参数值的估计，用 DYNAMO 语言写出系统动力学方程，具体见附录 2。根据方程，以 2006 年为基期，可在 Vensim PLE 软件中进行模型模拟运算。

6.3.3　模型有效性检验

有效性检验是为了检验模型与真实情况的吻合程度，从真实性和有效性两个方面入手，检验模型所模拟的信息与行为是否能反映系统实际的特征和变化规律。

1）直观检验

根据掌握的专业知识和系统动力学的建模方法，在查阅参考了大量有关的数据资料及文献的基础上，针对乌海市的具体情况，对模型的变量选择、子系统的划分，以及对系统动力学方程进行直观地检验并做出正确的判断。

2）运行检验

运用 Vensim PLE 提供的真实性检验及单位检验方法，对系统动力学模型的正确性进行检验，结果完全符合要求。

3）历史检验

以 2006 年为基准年，以 1 年为步长，对 2007～2013 年乌海市的耕地面积、GDP、总人口和原煤产量这四个模型中主要的流位变量进行仿真。计算其相对误差，相对误差 =（真实数据 – 仿真数据）/真实数据×100%，结果取绝对值。检验结果如表 6-7 所示。

表 6-7　历史检验结果表

年份	耕地面积			GDP		
	实际数据/hm²	仿真数据/hm²	相对误差/%	实际数据/亿元	仿真数据/亿元	相对误差/%
2007	7020	6673	4.90	190.10	191.81	0.90
2008	7036	6738	4.20	240.10	241.46	0.40
2009	7040	6795	3.50	311.21	304.02	2.30
2010	7040	6839	2.80	391.36	378.53	3.30
2011	7040	6873	2.30	481.58	466.22	3.10
2012	—	—	—	562.56	536.25	4.60
2013	—	—	—	621.63	614.68	1.10

年份	总人口			原煤产量		
	实际数据/人	仿真数据/人	相对误差/%	实际数据/万 t	仿真数据/万 t	相对误差/%
2007	477000	481382	0.90	1762.97	1618.33	8.90
2008	483000	492936	2.10	1868.85	2039.10	8.40
2009	488000	504766	3.40	1892.37	2569.26	35.80
2010	535000	516880	3.40	3063.45	3023.62	1.30
2011	541400	529286	2.20	3316.93	3558.32	6.80
2012	548000	541988	1.10	3855.48	3985.32	3.30
2013	553100	554996	0.30	4655.00	4463.56	4.30

由表 6-7 可以看出，绝大多数的相对误差都较小，仿真结果与真实数据集基本吻合，说明本模型模拟系统行为能够较好地模拟系统的真实行为，因此在此基础上进行进一步地分析与预测是可行的。在这里必须说明两点：其一，2012 年、2013 年的耕地面积的统计资料缺失，所以没有进行这两年的耕地面积的历史检验；其二，2009 年煤炭产量的相对误差达到了 35.80%，可能是因为乌海市人民政府发布了《乌海市人民政府关于整顿煤炭市场的意见（乌海政发〔2009〕40 号）》[265]，文件指定了严格的行业准入标准，而且对现有煤炭企业进行了全面的整顿并注销不合格企业的营业资格，这可能导致了当年原煤产量没有按照预期的水平发展，误差激增。

6.3.4　仿真结果分析

根据所建系统动力学模型，同时考虑数据可获得性、研究可行性及乌海土地承载力系统的复杂性，拟以 2006 年为基期，在 Vensim PLE 软件中进行模型运算，主要指标体系在 2015～2020 年的预测结果如图 6-17～图 6-24 所示。

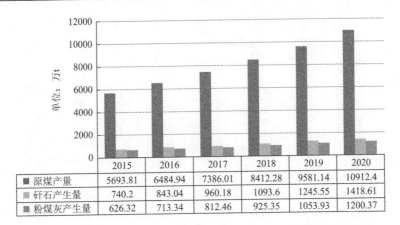

	2015	2016	2017	2018	2019	2020
原煤产量	5693.81	6484.94	7386.01	8412.28	9581.14	10912.4
矸石产生量	740.2	843.04	960.18	1093.6	1245.55	1418.61
粉煤灰产生量	626.32	713.34	812.46	925.35	1053.93	1200.37

图 6-17　乌海市原煤产量、煤矸石产生量、粉煤灰产生量预测结果表

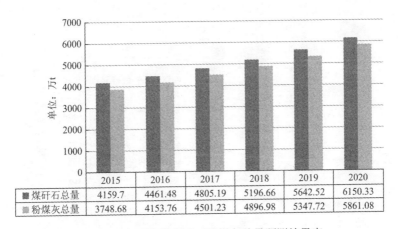

	2015	2016	2017	2018	2019	2020
煤矸石总量	4159.7	4461.48	4805.19	5196.66	5642.52	6150.33
粉煤灰总量	3748.68	4153.76	4501.23	4896.98	5347.72	5861.08

图 6-18　乌海市煤矸石、粉煤灰总量预测结果表

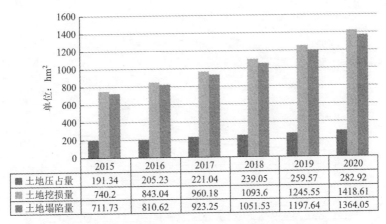

	2015	2016	2017	2018	2019	2020
土地压占量	191.34	205.23	221.04	239.05	259.57	282.92
土地挖损量	740.2	843.04	960.18	1093.6	1245.55	1418.61
土地塌陷量	711.73	810.62	923.25	1051.53	1197.64	1364.05

图 6-19　乌海市土地压占、挖损、塌陷量预测结果表

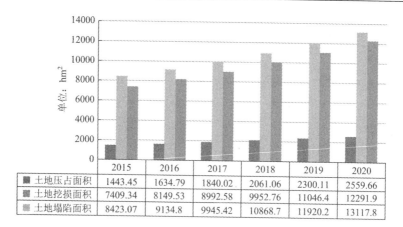

图 6-20　乌海市土地压占、挖损、塌陷面积预测结果表

	2015	2016	2017	2018	2019	2020
土地压占面积	1443.45	1634.79	1840.02	2061.06	2300.11	2559.66
土地挖损面积	7409.34	8149.53	8992.58	9952.76	11046.4	12291.9
土地塌陷面积	8423.07	9134.8	9945.42	10868.7	11920.2	13117.8

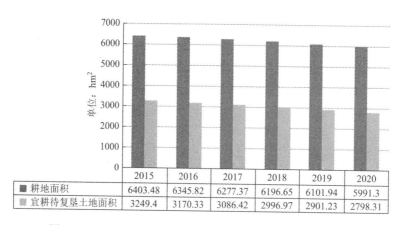

图 6-21　乌海市耕地面积、宜耕待复垦土地面积预测结果表

	2015	2016	2017	2018	2019	2020
耕地面积	6403.48	6345.82	6277.37	6196.65	6101.94	5991.3
宜耕待复垦土地面积	3249.4	3170.33	3086.42	2996.97	2901.23	2798.31

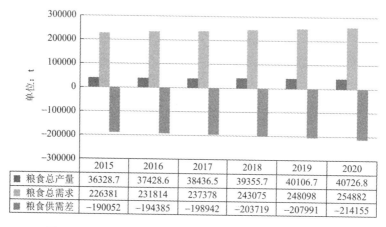

	2015	2016	2017	2018	2019	2020
粮食总产量	36328.7	37428.6	38436.5	39355.7	40106.7	40726.8
粮食总需求	226381	231814	237378	243075	248098	254882
粮食供需差	−190052	−194385	−198942	−203719	−207991	−214155

图 6-22　乌海市粮食总产量、总需求、供需差预测结果表

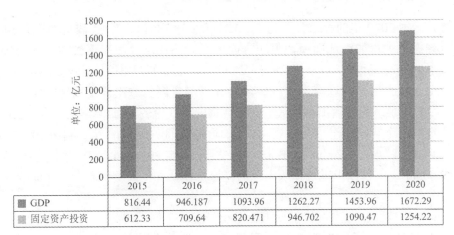

	2015	2016	2017	2018	2019	2020
GDP	816.44	946.187	1093.96	1262.27	1453.96	1672.29
固定资产投资	612.33	709.64	820.471	946.702	1090.47	1254.22

图 6-23　乌海市 GDP、固定资产投资预测结果表

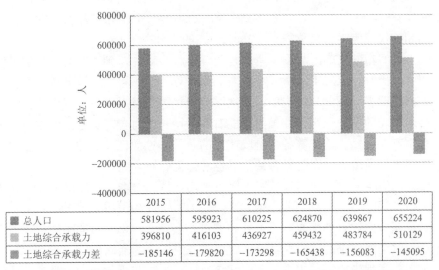

	2015	2016	2017	2018	2019	2020
总人口	581956	595923	610225	624870	639867	655224
土地综合承载力	396810	416103	436927	459432	483784	510129
土地综合承载力差	−185146	−179820	−173298	−165438	−156083	−145095

图 6-24　乌海市总人口、土地综合承载力、土地综合承载力差预测结果表

由预测结果可知，目前乌海市的发展情况及未来注意方向如下。

（1）原煤产量呈逐年增加的趋势，增速比较平稳，保持在 12%～14%，到 2020 年的产量为 10912.4 万 t。基于煤炭行业要以强力的技术作为支撑，其发展及其对经济增长的贡献，受经济总体形势的上升影响。因此，煤炭行业要为经济发展做出持续性的新贡献，还应不断提高行业本身的技术与发展水平，确保行业绿色、安全、高效发展。

（2）伴随着原煤产量的增加，煤矸石与粉煤灰的产生量也逐年增多，到 2020 年分别为 1418.61 万 t 与 1200.37 万 t。虽然煤矸石与粉煤灰产生量占原煤产量的比例不是很大，但由于综合利用效率与处置率不高，煤矸石和粉煤灰的贮存量相当大，到 2020 年的存量分别为 6150.33 万 t 与 5861.08 万 t。煤矸石的堆积一方面会占用大量的土地面积，另一方面还会影响比堆放面积更大的土地资源，使周围的土地变得贫瘠，不能利用；而大量的粉煤灰不加处理，就会产生扬尘，污染土地与大气。所以应当重视矿区废弃物等资源的二次开发利用。

（3）原煤产量的增加是以大量的土地损毁为代价的，每年煤炭开采都会造成大量的土地挖损、塌陷、压占，且损毁土地的总面积在不断扩大，到 2020 年，塌陷土地面积为 $13177.8hm^2$、挖损土地面积为 $12291.9hm^2$、压占土地面积为 $2559.66hm^2$。所以应当重视损毁土地的复垦工作，并提高复垦质量，保证复垦土地的生产力。

（4）耕地面积与宜耕待复垦土地面积呈逐年下降的趋势，到 2020 年保有量分别为 $5991.3hm^2$ 和 $2798.31hm^2$。虽然耕地保有量达到了土地利用总体规划中的耕地保有量约束性指标（$5655.05hm^2$），但从用地比例来看，耕地面积仅占土地总面积的 3.58%，这导致了粮食总产量过低，2020 年，乌海市依靠自身的粮食产量（40726.8t）仅能满足粮食总需求（254822t）的六分之一。

（5）乌海市的 GDP 与固定资产投资逐年稳步增加，到 2020 年分别可达到 1672.29 亿元和 1254.22 亿元，增长率保持在 13%～14%，与原煤产量的增长率基本一致，说明煤炭行业与煤炭资源型地区的国民经济发展水平是互相依赖的。但这里必须说明的是，煤炭行业虽然可能对经济增长具有一定贡献，但本书并未考虑其在生产、运输、消费等各个阶段产生的负外部性效应，这种负外部性问题会对国民经济发展造成潜在的威胁甚至很容易抹杀煤炭贡献。

（6）乌海市的总人口增长速率平缓，平均保持在 2.4%左右，预计到 2020 年的总人口数为 65.52 万人，但土地综合承载力仅为 51.01 万人，两者相差 14.51 万人，这说明按照现有的煤炭开采方式和城市发展模式，乌海市的土地承载力不足以承载现状消费水平的人口数量及现状煤炭开采强度的活动规模。

最后，虽然当前以及未来一段时间乌海的土地承载力超载，但是其土地综合承载力沿着未来时间的纵轴发展呈现增长态势。

6.4　多情景模拟

6.4.1　情景模拟设置

本章构建的系统动力学模型可以提供乌海市土地综合承载力及其主要指标体系的定量评估。但是这种定量关系不能被绝对地来看待，本书的研究目的不在于用一种数量上精确的方式来模拟系统的行为，而是要把关注点放在系统行为的主要变化方向及大的趋势上。

基于此，本节采取"假设法"，根据未来可能出现的情景设置几种虚拟的假设来考量现实条件的改变会对真实系统的主要变化方向及大的趋势产生怎样的影响。以 2015 年为基期（以 6.3.4 节主要指标预测结果作为基期值），1 年为步长，模拟到 2020 年。通过对比分析寻找出最优的发展方案，并考量最优发展方案下土地综合承载力在三种消费水平（温饱、小康、富裕）下的变化情况。假设情景方案设置如下。

（1）run1：此方案为乌海市现行煤炭开采方式和城镇发展态势，与其他三个方案进行对照。

（2）run2：此方案依据土地可持续发展理论中"土地资源极限极端模式"设置，未来发展的首要目标为保护土地资源。减少煤炭行业 10%的投资，将原煤产量增加因子表函数调整为{[(0,0)～(1,0.882)], (0.17,0.108), (0.36,0.216), (0.5,0.342), (0.7,0.558), (1,0.882)}。考虑到控制粉煤灰、煤矸石的累积可以减少矿区土地资源的压力，将粉煤灰、煤矸石的利用率提高 30%。同时，对挖损、塌陷的土地进行复垦，复垦率设置为 70%。控制人口增长速率也可以减少资源的消耗，将人口平均增长率从 2.4%调整为 2.0%。

（3）run3：此方案依据"边缘经济发展模式"设置，从大力发展矿区经济水平入手，不考虑对土地资源的保护。提高煤炭行业 10%的投资，将煤炭产量增加因子表函数调整为{[(0,0)～(1,1.078)], (0.17,0.132), (0.36,0.264), (0.5,0.418), (0.7,0.682), (1,1.078)}。万吨煤创造的 GDP 取历年最大值 0.164 亿元/万 t。对破坏的土地不采取任何的复垦行动，并保持当前的人口发展水平。

（4）run4：此方案依据"相互协调发展模式"设置，综合上述参数的调整，将煤炭资源适当开发、土地资源可持续利用和社会经济发展看作土地资源-煤炭资源-社会经济大系统框架。为化解地-矿冲突、实现地-矿统筹和提高城市经济发展水平，将煤炭产量增加因子表函数调整为 {[(0,0)～(1,1.078)], (0.17,0.132), (0.36,0.264), (0.5,0.418), (0.7,0.682), (1,1.078)}。同时为保护土地资源将粉煤灰、煤矸石的利用率提高 30%，将人口平均增长率设置为 0.20%。同时，对挖损、塌陷的土地进行复垦，复垦率设置为 50%。

三种消费水平的设置方案如表 6-8 所示。

表 6-8　不同消费水平的设定

消费水平	消费水平说明
温饱	粮食消费水平 335kg/人，恩格尔系数等于 55%时的人均消费支出
小康	粮食消费水平 389kg/人，恩格尔系数等于 45%时的人均消费支出
富裕	粮食消费水平 437kg/人，恩格尔系数等于 35%时的人均消费支出

应用 SPSS 软件对乌海市 2000~2012 年人均食品消费支出的数据（表 6-9）进行二次非线性拟合回归，得到拟合方程如下：

$$y = 41.775x^2 + 59.015x + 1875.287 \ (R^2 = 0.997) \qquad (6-6)$$

式中，x 代表 2000~2011 年对应的时间，取值从 1 开始；y 代表人均食品消费支出。

表 6-9　乌海市 2000~2012 年人均食品消费支出情况表

年份	2000	2001	2002	2003	2004	2005	2006
人均食品消费支出/元	1258	2423	3048	2984	3243	3838	4171

年份	2007	2008	2009	2010	2011	2012	
人均食品消费支出/元	4907	5578	6754	6847	8870	10042	

由式（6-6）可预测乌海市 2015~2020 年的人均食品消费支出，并根据预测值及设定的恩格尔系数计算不同消费水平对应的人均消费支出（人均消费支出=人均食品消费支出/恩格尔系数），计算结果如表 6-10 所示。

表 6-10　不同消费水品下人均消费支出计算结果表

年份	人均食品消费支出/元	温饱水平下的人均消费支出/元	小康水平下的人均消费支出/元	富裕水平下的人均消费支出/元
2015	13514	24571	30031	38611
2016	14952	27185	33227	42720
2017	16473	29951	36607	47066
2018	18077	32868	40171	51649
2019	19766	35938	43924	56474
2020	21529	39144	47842	61511

6.4.2　情景模拟结果

各方案运行后主要指标的变化趋势和结果如图 6-25~图 6-30 所示。

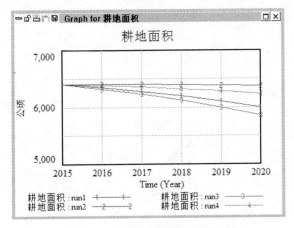

图 6-25　耕地面积预测曲线变化图

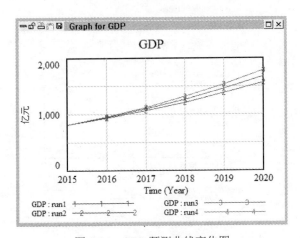

图 6-26　GDP 预测曲线变化图

图 6-27　原煤产量预测曲线变化图

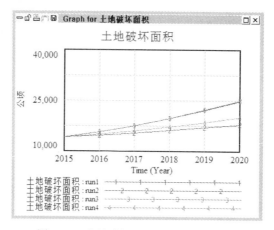

图 6-28　土地破坏面积预测曲线变化图

图 6-29　土地综合承载力预测曲线变化图

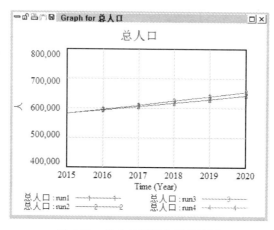

图 6-30　总人口预测曲线变化图

由各个指标的变化趋势图，可以得到表 6-11 的指标优劣排序。

表 6-11　重要指标 4 个方案的排序

指标	排序
耕地面积	run2＞run4＞run1＞run3
GDP	run4＞run3＞run1＞run2
原煤产量	run3＝run4＞run1＞run2
土地破坏面积	run1＝run3＞run4＞run2
总人口	run1＝run3＞run2＝run4
土地综合承载力	run4＞run3＞run1＞run2

通过各指标的变化趋势及优劣排序可以得出以下内容。

（1）run1 运行后，总人口与土地破坏面积最大（2020 年分别为 655224 人、24789.6hm^2），耕地面积、GDP、原煤产量的水平略低，土地综合承载力在 2015～2020 年均无法满足总人口的需求，因此存在严重缺陷，是一种不可取的发展模式。

（2）run2 运行后，土地资源得到了良好的保护，土地破坏得到良好的控制，土地破坏面积最低（2020 年为 17889.3hm^2），耕地面积也得以保持数量上的平稳。与 run1 相比，GDP 增加值与原煤产量模型较低，对地方经济可持续发展和煤炭产业转型升级十分不利，而且土地综合承载力难以适应人口增长和消费水平的提高。

（3）run3 运行后，原煤产量与 GDP 得到了较大幅度的提高，但是土地破坏面积最大，耕地面积最少，明显违背土地可持续利用和维护国家粮食安全要求，也是一种不可取的发展模式。

（4）run4 运行后，原煤产量与 GDP 最高（2020 年分别为 11594.5 万 t、1784.15 亿元），在保障煤炭合理产量和经济快速发展的同时兼顾了土地资源的保护，土地破坏得到较好的控制，土地综合承载力最高，因此是最佳的发展方案。

6.4.3　模拟结果选择

在 run4 下，各指标的运行结果如表 6-12 所示；预测得到的三种不同消费水平下土地生产力承载力、土地经济承载力、土地综合承载力及土地综合承载力差结果如表 6-13 所示。

表 6-12　run4 主要指标预测结果

主要指标	2015 年	2016 年	2017 年	2018 年	2019 年	2020 年
耕地面积/hm²	6403.48	6382.11	6355.02	6321.31	6279.99	6229.89
土地压占量/hm²	191.346	195.013	199.241	204.155	209.733	216.211
土地挖损量/hm²	370.098	426.664	491.876	567.076	653.726	753.643
土地塌陷量/hm²	355.863	410.254	472.958	545.246	628.583	724.656
土地压占面积/hm²	1443.45	1634.80	1829.81	2029.05	2233.16	2442.90
土地挖损面积/hm²	7409.34	7779.44	8206.10	8697.98	9265.03	9918.76
土地塌陷面积/hm²	8423.07	8778.93	9189.19	9662.15	10207.40	10836.00
宜耕待复垦土地面积/hm²	3249.40	3170.34	3089.70	3007.25	2922.70	2835.75
粮食总产量/t	36328.7	37642.7	38911.9	40127.1	41277.0	42348.6
原煤产量/万 t	5693.81	6564.05	7567.33	8723.94	10057.30	11594.50
煤矸石产量/万 t	740.195	853.328	983.753	1134.110	1307.450	1507.290
煤矸石总量/万 t	4159.70	4239.42	4331.32	4437.27	4559.42	4700.23
粉煤灰产量/万 t	626.319	722.047	832.406	959.633	1106.310	1275.400
粉煤灰总量/万 t	2990.71	3124.85	3297.51	3457.80	3663.34	3900.29
GDP/亿元	816.44	959.16	1123.70	1313.38	1532.06	1784.15
固定资产投资/亿元	612.33	719.37	842.77	985.04	1149.04	1338.12
总人口/人	581956	593595	605467	617576	629928	642526

表 6-13　run4 不同消费水平下的土地承载力预测结果　　（单位：人）

土地承载力		2015 年	2016 年	2017 年	2018 年	2019 年	2020 年
土地生产力承载力	温饱	108444	112366	116155	119782	123215	126414
	小康	93390	96768	100031	103154	106111	108865
	低富裕	83132	86139	89043	91824	94455	96908
土地经济承载力	温饱	1063289	1129049	1200574	1278695	1364181	1458533
	小康	869970	923742	982282	1046231	1116153	1193361
	低富裕	676649	718473	763999	813727	868115	928172
土地综合承载力	温饱	585867	620707	658365	699239	743698	792473
	小康	481680	510255	541156	574692	611132	651113
	低富裕	379890	402306	426521	452775	481285	512540
土地综合承载力差	温饱	3911	27112	52898	81663	113770	149947
	小康	−100276	−83340	−64311	−42883	−18796	8587
	低富裕	−202066	−191289	−178946	−164801	−148643	−129986

　　乌海市煤炭资源开发利用是以损毁土地、破坏耕地和污染环境为代价的。现行发展状态下（run1），模拟仿真显示，固定资产投资和煤炭产量逐年增加，并且 2020 年其煤炭产量高达 10912.4 万 t，造成塌陷、挖损和压占土地分别为13177.8hm^2、12291.9hm^2 和 2559.66hm^2，排放煤矸石和粉煤灰累计分别为6150.33 万 t 与 5861.08 万 t，保有耕地面积与宜耕待复垦土地面积分别下降到 5991.3hm^2 与2798.31hm^2，而在 run4 下，在保证煤炭产量情况下，兼顾了经济发展和土地保护。

　　就多情景模式结果分析发现，地-矿协调模式为乌海市最优的发展方案，在此方案下乌海市到 2020 年的总人口为 64.25 万人，土地综合承载力在温饱消费水平下为79.24 万人、在小康消费水平下为 65.11 万人、在低富裕消费水平下为 51.25 万人，即地-矿协调模式发展方式下，土地承载力可以满足总人口在温饱及小康消费水平下的活动强度。

6.5　本 章 小 结

　　本章将主流的研究焦点（人口-土地-粮食）与煤炭资源型城市的矿产开发活动（煤炭-土地-经济）相融合，以土地承载力为研究载体，采用系统动力学和多情景模拟方法，重点仿真量化煤炭城市土地综合承载力基本态势和演变规律，并以煤炭能源丰富、生态本底贫瘠的乌海市为例，多情景模拟确定经济发展需要的地-矿协调最优调控方案。得出以下研究结果。

　　其一，理论分析认为，煤炭城市受人为扰动较大，土地综合承载力系统更是由经济子系统、承载力子系统和煤炭开采子系统等多个子系统决定，并具有复杂、多重的高阶次、非线性的反馈关系。

　　其二，系统模拟发现，乌海市煤炭资源开采利用是以损毁土地、破坏耕地和污染环境为代价的，模拟结果显示 2020 年其煤炭产量高达 10912.4 万 t，塌陷、挖损和压占土地分别为 13177.8hm^2、12291.9hm^2 和 2559.66hm^2，煤矸石和粉煤灰到 2020 年的存量分别为 6150.33 万 t 与 5861.08 万 t，保有耕地面积与宜耕待复垦土地面积分别下降到 5991.3hm^2 与 2798.31hm^2。

　　其三，情景分析表明，地-矿协调模式为乌海市地-矿冲突调控的最优发展方案，在此方案下乌海市到 2020 年的总人口为 64.25 万人，土地综合承载力在温饱消费水平下为 79.24 万人、在小康消费水平下为 65.11 万人、在低富裕消费水平下为 51.25 万人，即乌海市土地承载力可以满足总人口在温饱及小康消费水平下的活动强度。

第7章　地-矿冲突空间优化：微观管制调控

第5章和第6章从宏观和中观层面分别定量回答了化解地-矿冲突的调控策略和发展模式，并能够为煤炭城市地-矿冲突调控提供宏观和中观层面的决策参考。然而，却没能破解微观层面日益严重的煤炭城市资源压覆现实难题和回答其立体空间优化的科学问题。鉴于此，本章在揭示一般城市空间平面扩张调控规律的基础上，构建煤炭城市立体空间优化配置模型，并选择济宁市和徐州市等煤炭城市资源压覆区进行实证分析，进而探索化解煤炭城市地-矿冲突的微观调控机制。

7.1　分析框架与研究思路

煤炭城市身负产煤重任，同时也面临自身城市发展困境，尤其是经济发展过程中的压覆煤炭资源的城市，在地下煤炭开采与地上城镇建设难以同时兼顾的现实假设条件下，煤炭城市必须明确压覆区是选择开采地下煤炭资源牺牲地上建设，还是选择限制地下煤炭开采支持地上建设。因此，本章基于价值立体空间均衡视角，寻求化解冲突的微观路径，即通过对地上土地资源价值和地下煤炭资源价值评估和比较，提出从煤炭城市立体空间优化和微观调控管制两方面化解地-矿冲突。

本章主要从资源价值立体空间均衡视角切入，首先，在对一般城市空间平面扩张及其管控对策进行分析总结的基础上，提出煤炭城市立体空间（地上土地和地下煤炭）开发的理论命题及其管控对策。其次，在理论命题指导下，分别对煤炭城市地-矿两种资源价值进行评估，其中地上土地价值测算，主要运用基准地价评估报告成果，依据土地不同级别地块选取不同估价方法和系数进行修正，进而测算不同时空土地价格，最终建立地价动态属性-空间数据库；地下煤炭资源价值（价格）估算，在确定同等土地面积压覆的煤炭资源储量基础上，主要采用收益还原法、市场替代法等方法，分别测算煤炭资源的储量价值，减去财务成本的效益价值及扣除财务成本和生态外部成本等成本的实际价值，进而建立煤炭资源估算价格样表。最后，对立体空间边界进行定量表达，即按照统一时点要求、严格立体空间均衡条件（土地资源与煤炭资源价值相等），运用 GIS 空间插值分析方法，定量表达煤炭城市立体空间管控边界和划定管控区域，进而从微观角度为煤炭城市资源协同发展和管理调控提供空间参考和定量依据，具体分析框架如图 7-1 所示。

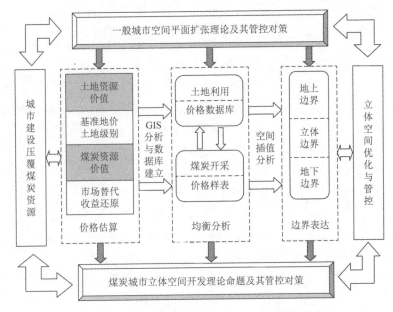

图 7-1　煤炭城市地-矿冲突调控边界分析框架

就其研究进展而言，目前针对煤炭城市压覆资源的研究主要集中在两个方面：压覆资源的评估及补偿[266-268]和压覆资源的行政管理问题[266,269,270]，已有研究成果虽然对本书的开展具有重要参考价值，但多数研究多从被压覆煤炭资源单一视角进行分析研究，对煤炭城市地上建设压覆地下煤炭资源开采引起的地-矿冲突进行综合分析研究的文献并不多见。因此，本章将地上土地利用和地下煤炭开发纳入统一分析框架，并在揭示一般城市扩张规律的基础上，依据资源压覆特性提出地-矿统筹理论命题和构建立体空间管控模型，并进行命题验证和实证分析。具体研究过程分三步完成，首先揭示一般城市土地扩张的基本规律和调控策略；其次，提出适合煤炭城市的理论命题，即运用价值立体空间均衡原理界定三大调控边界、进而将煤炭城市立体空间划分为四大管控区域；最后，以典型煤炭城市济宁市和徐州市沛县为例，从不同级别城市进行实证分析和理论命题验证。

7.2　理论模型构建

7.2.1　一般城市调控模型

在研究煤炭城市地-矿立体空间协同管控策略前，有必要首先分析一般城市空间扩张的态势及管控对策，以便为煤炭城市地-矿立体空间优化和调控对策研究奠定理论依据和工作基础。

1. 一个基本的分析框架：世界较为普遍理论

从世界范围来看，城市空间平面扩张是全球较为普遍的现象。进一步讲，为支撑工业化、城镇化进程，促进区域经济发展，合理的城市空间扩张是必要的。然而，现实的城市空间扩展往往存在过度扩张现象，并由市场力量和政策失误共同推动。如图 7-2 所示，城市区域 OS_1 上的各类用地在完全竞争下达到空间均衡，形成一条向下倾斜的竞租曲线 AC（定义为建设用地价格，用 CP 表示，下同），距离 CBD（市中心）越远，土地价格越低；而农村地区，农业耕作在各处的效益相差不大，因此土地租金曲线表现为一条水平直线 CD（定义为农地价格，用 AP 表示，下同），为便于分析说明，在理论上应该区分两种不同性质的扩张：福利性和亏损性。所谓福利性扩张是指在完全竞争市场条件下，伴随城镇化水平提高和人口增加（促使竞价曲线外移至 CP′），经济发展所必需的城市扩展规模，图中 S_1S_2 即为福利性扩张。此过程的形成实际上是不同类型经济行为主体在市场条件下进行区域选择、平面空间帕累托改进的结果，即在维持或改善城市交通和生态现状的前提下，农场主额外获得了社会进步带来的土地增值收益 CEF，因此此类扩张对整个社会而言具有福利性质。而亏损性扩张是指在市场（价格）失灵、政府又很难准确估计开敞空间的损失、公共设施提供及人口过度膨胀带来交通拥塞等成本的条件下，由决策失误（政策推动竞价曲线外移至 CP″）引起的、本来应该避免的城市扩展规模，图中 S_2S_3 即为亏损性扩张。该过程虽然亦能给农场主带来额外的土地增值收益 BEFD，但是与整个城市环境恶化和交通拥塞等外部成本增加的巨大代价相比往往得不偿失，因此，全局考虑该类扩张具有亏损性质，不利于城市经济建设和可持续发展。

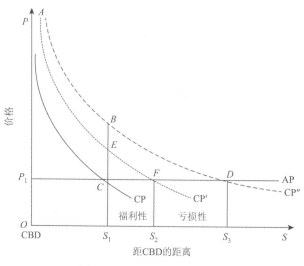

图 7-2　土地价格与城市扩张

　　由此可见，亏损性扩张应该是城市治理调控重点规避的类型。有学者提出通过征收拥挤费、公共设施建设税和环境影响费来解决相关问题[271]，考虑研究侧重点，本书对此暂不予深入讨论，本章在分析我国城市扩张成因和治理之策的基础上，重点从立体空间优化视角，探究化解煤炭城市地-矿冲突的调控对策。

　　2. 两个重要的理论命题：中国较为特殊现实

　　本书坚持的观点是，在多数土地市场较为完善和产权较为清晰的国家，以上分析框架的确很好地解释了城市扩张的成因和过程，但上述理论或分析框架不完全适合中国。理由有三：其一，上述分析框架没能考虑农地资源所承担的生活、医疗和就业等社会保障价值，特殊国情和已有研究表明[272-275]，在中国农地资源承担的社会、生态等非市场价值不容忽视。其二，中国城市扩张往往由政府主导，土地市场（尤其是土地征用市场）很不完善，因为中国城市扩张的过程市场配置资源的三种机制（价格、供求和竞争）还不完善。进一步讲，即中国城市扩张占用土地的价格主要是依据《中华人民共和国土地管理法》的规定，农民和村集体往往是价格的被动接受者，地价不能客观反映土地的真实价值；从供求上分析，中国城市扩张具有需求导向型特征，农民和村集体往往是需求的被动供给者；另外，所谓"竞争"主要集中在土地征用后招商引资供地上，征地过程中竞争性较低，存在政府垄断行为。其三，在模糊产权的背景下，即使培育出竞争市场的萌芽，也将在现有情况下发生扭曲或夭折，因为经济发展是中国的第一要务，在土地资源长期配置过程中，形成并要求制度和政策起决定性作用[276,277]。

　　由此可见，与国外"市场"推动的城市扩张过程不同，我国的城市扩张存在主观意愿，即城市扩张过程中农地的真实价格不能全部体现。鉴于此，在改进上述分析框架的基础上，提出更为适合我国现实的两个理论命题。

　　命题一：与国外不同，我国城市平面扩张理论上划分为牺牲性扩张和损耗性扩张两种类型。

　　如图 7-3 所示，特别说明的是，中国城市竞租曲线 AB（建设用地价格，用 CCP' 表示），与国外类似，虽然长期也会伴随城镇人口增加而向外偏移，但相对于政府主导的农地差价而言，这种偏移处于次要地位。因此该模型假设城市竞租曲线 AB 在短期内不变。另外，P_1' 为包含经济、生态和社会等综合价值的农地资源真实价格（CAP）；P_2' 为未能包含农地资源非市场价值的失灵价格（CAP'）；P_3' 为政策或人为主导价格（CAP"）。在土地市场残缺的条件下，农地资源的真实价格 P_1' 很难显化，土地交易往往以失灵价格 P_2' 进行。所谓牺牲性扩张是指在现行市场体系下，由价格失灵引起的过多的城市扩张规模。图 7-3 中，$S_1'S_2'$ 即为牺牲性扩张，该过程虽然对城市建设和区域发展贡献巨大，但它是以扭曲农地真实价值为代价的，因此，对农民和农村集体而言无疑付出了牺牲，被剥夺的社会福利为 BCD。在现行制度框架下，政府在城市扩张过程中起着主导作用，但往往存在主观意愿，可能会选择压低地价，加大招商引资力度的发展策略。所谓损耗性扩张是指由于政府失灵，人为压低土地价格至 P_3'，排斥市场机制对土地的配置，增加对土地需求而导致的、本来应该避免的过度扩张规模。图 7-3 中 $S_2'S_3'$ 即为损耗性扩张，该过程虽然对经济增长贡献巨大，但它是以损耗可持续发展的资源环境基础为代价，因此对整个社会而言无疑属于额外成本，损耗的社会福利对应图示范围为 CDGE。

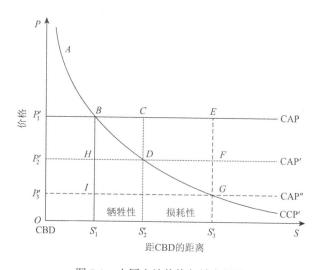

图 7-3　中国土地价格与城市扩张

命题二：按照经济学原理判断，我国当前应该把消除（减）损耗性扩张作为治理重点。

如图 7-4 所示，就世界范围来讲，资源配置价格失灵普遍存在。因此，城市牺牲性扩张有一定的内生性，是市场制度本身固有的缺陷造成的。解决这一内生性的问题，取决于社会科学，尤其是经济学和公共政策分析工具的发展。在发达国家，通过政府干预（社会成本定价和税收等工具）逐渐消除价格（市场）失灵导致的牺牲性城市扩张；发展中国家正试图通过统筹城乡发展、农业价格补贴等措施分阶段破解这一世界难题。相对于牺牲性扩张而言，损耗性扩张则主要是外生性的，即人为（政府）不适当的干预而产生的。尤其在发展中国家或经济转型地区，损耗性扩张完全可以通过制度建设和政府自身体制创新来加以消除或减轻。由此认为，首先解决政府失灵引起的第二种城市扩张，成为我国城市扩张治理的优先策略。

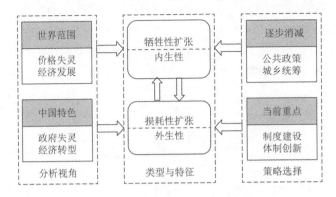

图 7-4　中国城市扩张治理分析框架

目前中国正处于转型阶段，随着工业化、城镇化进程迅速推进，我国城市牺牲性扩张不可避免。在理论与实践上，区分经济增长过程中城市很难避免的牺牲性扩张与政府过度干预、排斥市场机制导致的损耗性扩张具有重要意义。当前我国城市治理的重要使命在于通过产权制度改革与管理体制创新，在准确把握经济转型中城市扩张规律的基础上，尽量减少或消除损耗性扩张。因此，对于中国而言，如何借鉴、总结国内外成功经验和失败教训，选择适合国情的治理机制和调控策略，进而解决政府失灵问题成为当前重点。

3. 一般城市的调控对策：三个平面管控边界

以上分析和已有研究[278-279]表明，中国城市扩张与发达国家目前的城市发展过程不同，发达国家城市扩张机制多由土地市场驱动，而我国城市扩张特色表明市场机制作用还不健全，属于有政府主观意愿干涉或者是有计划的市场作用。

就一般城市空间平面扩张管控对策而言，参考已有学者研究成果和作者研究探索[280-281]，本书提出我国城市平面扩张存在三条边界：即理想、适度和极限三个边界（图 7-5），认为通过城市边界治理和关键资源保护能够调控城市空间过度扩张。

如图 7-5 所示，CP 表示建设用地价格，AP_e、AP_c、AP_s 分别表示农地的经济、生态和社会保障价格。其中，理想边界是市场制度健全条件下，农用地价格全部显示并与对应该区的建设用地价格相等时的空间均衡曲线，该曲线到 CBD（市中心）的平均距离为 S_1，曲线上空间均衡价格为 P_1，其经济学含义是显化农地资源的经济、生态和社会等真实价值后，该曲线上的土地资源作为农地利用与作为建设用地利用是无差异的。同理，适度边界是指在现行制度不健全、而土地市场又不能完全显化农地资源真实价值的条件下，土地价格刚好表现为农地资源的经济、生态两价值之和并与该区域建设用地价格相等时的空间均衡曲线，该曲线到 CBD

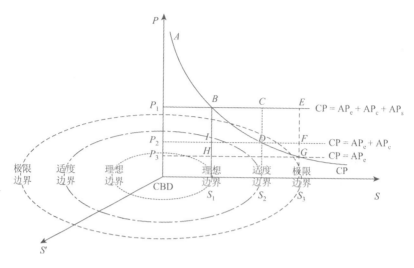

图 7-5　中国土地价格与城市扩张边界

的平均距离为 S_2，曲线上失灵的空间均衡价格为 P_2。极限边界是指在土地市场本来就不能完全显化农地资源真实价值的条件下，政府为追求 GDP 增长，可能干预土地市场，人为压低地价，致使土地价格进一步下降，此时的极限边界就是土地价格仅表现为农地资源的经济价值并与该区域建设用地价格相等时的空间均衡曲线，该曲线到 CBD 的平均距离为 S_3，曲线上人为扭曲的空间均衡价格为 P_3。就中国理论分析和现实需求而言，划定上述边界的意义主要有三个：其一，在理论上界定了土地资源作为农地与建设用地利用的空间无差异曲线；其二，在实践上找到了城市理性增长、耕地保护和生态环境维护的均衡范围；其三，在管理上指明了城市扩张治理的空间参考系。

　　从福利经济学视角进一步分析判断，城市扩张范围吻合在理想边界上最为合理，此时土地资源的整体配置效率最高，社会总福利达到最大化。适度边界是现行制度不健全、土地市场不完善、农民社会保障缺失等原因造成土地价格低于农地资源的真实价值（两者之差为其社会价值 AP_s），降低了城市扩张的土地成本形成的，因此，与理想边界相比城市扩张过度地消耗了 S_1 和 S_2 之间的土地资源，此过程中的土地资源配置整体效率较低，社会总福利损失为 BCD。而极限边界是征地过程中土地市场缺失和政策（人为）扭曲造成土地价格大大低于农地资源的真实价值（两者之差为其生态价值 AP_e 与社会价值 AP_s 之和），进一步压低了城市扩张的成本，因此，与适度边界相比城市增长进一步、过度的消耗了 S_2 和 S_3 之间的土地资源，此过程中的土地资源配置整体效率最低，社会总福利进一步损失为 CDGE。从资源投入与配置的视角分析，城市适度扩张是工业化、城镇化的基础条件，是保障经济社会发展和提高城镇化水平的内在要求。合理的城市建设用地扩张有助于提高经济社会发展水平，而城市建设用地的无序扩张，则是一种未充分考虑社会、经济和生态综合效益的非理性扩张。虽然理论上的分析判断表明，我国城市扩张边界吻合在理想边界上最为合理和科学，在此边界上土地资源整体配置效率最高，社会总福利最大；然而，土地制度创新的艰巨性和市场完善的长期性决定这种最为合理的空间均衡状态我国当前很难实现。而城市扩张范围吻合在极限边界上将会过度地消耗大量土地资源，明显违背节约集约用地的基本理念，不利于长期可持续发展。

因此，城市理性扩张空间控制在适度边界范围之内更为科学和现实（短期内允许牺牲性扩张存在），原因有二：其一，这种次优的"空间均衡"状态在满足城市增长、经济发展合理用地需求的同时，并没有牺牲农地资源的生态服务价值，对整个区域的生态环境维护和可持续发展能力建设意义重大；其二，不可否认的是，此"均衡状态"的确是以牺牲农地资源的社会保障价值为代价的，由于工业化、城镇化进程是多数国家都必须经历的重要阶段，如果过于强调耕地保护而限制城市的理性增长，必将阻碍我国城镇化进程的推进和经济社会的持续发展，这样付出的社会成本和代价可能更大，况且只要经济发展水平达到一定阶段，就能够通过其他方式补偿农民牺牲的社会保障功能损失，如中央政府不断出台的农民医疗和养老等社会保障制度及城乡统筹发展观的实施就是很好的例证。

7.2.2　煤炭城市理论命题：三个立体边界和四大调控区域

与一般城市空间平面扩张过程不同，煤炭城市发展要统筹考虑地上和地下两种资源的立体开发和综合调控管理。因此，在深化已有研究成果的基础上，本书将煤炭城市立体空间的地下煤炭资源和地上土地资源纳入统一研究框架，并深入拓展和深化一般城市平面扩张调控模型，提出如下理论命题（简称为"地板理论[①]"）：煤炭城市地-矿开发利用过程存在三个立体边界和四大管控区域，进而从立体空间微观管制调控层面破解煤炭城市不断加剧的地-矿冲突难题。

即如图 7-6 所示，运用经济学比较优势和效用均衡理论，通过地上土地资源综合利用价值与地下矿产（煤炭）资源开采的最高（$MP_{正}$）、财务（$MP_{负}$）和真实（$MP_{实}$）三种价值的均衡分析，分别确定禁采（建设）、缓采（可建）和可采（扩展）三个边界，进而将立体空间区域内的地上土地利用和地下煤炭开采分别划分为禁采建成区、限采可建区、缓采有条件建设区和可采禁建区四大管控区域。

---

① "地板理论"是通俗性、形象化提法，是指某块地板范围内在上、下两种资源都具有较高的利用或开采价值但存在严重冲突的情况下，按照经济学比较优势和整体效益最优化原则，应该综合评估地板上、下两种资源的综合效益并进行分析比较和综合权衡后，最终确定该地板区域资源优先利用方向和立体分区管制的配置原理和学术思想。

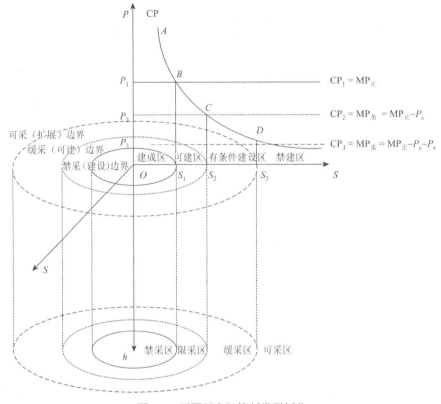

图 7-6 压覆区空间管制类型划分

P 代表地表土地资源价格；S 代表距离中央商务区的距离；P_c、P_e 分别代表地下矿产资源开采的显性成本（财务成本）和隐形成本（生态成本）；CP 代表地上土地资源综合利用价值；MP 代表地下矿产资源价值；$MP_正$代表不计开采成本只考虑地下资源所产生的正面效用所确定的储量价值；$MP_负$代表地下资源所产生的正面效应减去开采付出的人力、物力和财力等财务成本后的效用价值；$MP_实$是在 $MP_负$ 的基础上扣除环境污染、生态破坏和地面塌陷等隐形成本后的效用价值

  所谓禁采（建设）边界是指在假定不考虑煤炭开采成本的前提下，某块地板范围内地下资源开发利用所能达到的最大利用价值 $MP_正$，刚好与该地板区域对应的土地资源综合利用价值 CP 相等时的空间均衡曲线，该曲线到 CBD（市中心 O）的平均距离为 S_1，曲线上空间均衡价格为 P_1，其经济学含义是只考虑地下矿产资源正面效用价值情景下，该曲线上的土地资源作为地上城市建设用地的利用价值与作为采矿用地开采地下矿产（煤炭）资源的价值是无差异的。缓采（可建）边界是指某地板下矿产资源正面价值中扣除其开采财务显性成本 P_c 后的价值（即 $MP_负$），刚好与该地板区域上土地资源综合利用价值（CP）相等时的空间均衡曲线，该曲线到 CBD（市中心 O）的平均距离为 S_2，曲线上的空间均衡价格为 P_2，其经济学含义是在只扣除矿产开采财务显性成本的情景下，该曲线上的土地资源作为地上城市建设用地的综合价值与作为采矿用地开采地下矿产（煤炭）资源的

财务价值是无差异的。可采（扩展）边界是某地板下矿产资源正面价值扣财务显性成本 P_c 和生态隐形成本 P_e 后，所得到的真实资源开采价值（即 $MP_实$）并与该地板区域地上土地利用综合价值（CP）相等时的空间均衡曲线，该曲线到 CBD 的平均距离为 S_3，空间均衡价格为 P_3，其经济学含义是在同时扣除矿产开采财务显性成本和生态隐形成本的情景下，该曲线上的土地资源作为地上城市建设用地的综合利用价值与作为采矿用地开采地下矿产（煤炭）资源的真实价值是无差异的。

　　基于三个边界的划分，可在立体空间上区分出四大管制区域。首先，距离市中心最近的区域（图 7-6 中 OS_1 范围内区域）多为已经开发建设成熟的高价值区域，而煤炭开采价值无法与拥有繁华高楼大厦的市中心区域土地价值相提并论，此时 $CP > MP_正$，即地上土地利用综合价值远远超过地下煤炭开采价值，因此应划入地上建成区（对应地下禁采区），简称禁采建成区。其次，距离市中心稍远但处于城市近期规划发展范围内（即图中 S_1S_2 区域），对应的地下矿产资源虽然有较高开采价值，但扣除财务显性成本后开采价值一般低于该区域地上土地利用综合价值，此时 $CP > MP_负$，即虽然该区域地上土地利用综合价值与市中心建成区相比有所下降，但一般高于地下煤炭开采财务价值，因此该区域划为地上可建区（对应地下划为限采区），简称限采可建区。再次，距离市中心较远，但在远期规划中仍是城市发展范围内的地上区域（图中 S_2S_3 区域），考虑到开采会造成生态价值损失和经济社会持续发展不良影响，一般应该在有相应的创新技术条件支持下，使得地下开采对地上生态影响达到可以接受时，再进行地下资源开采，即该区域 $CP > MP_实$，因此应划入地上有条件建设区（对应地下缓采区），简称缓采有条件建设区。最后，在有条件建设区之外（$> S_3$ 区域）的土地资源由于远离市区，一般用于地上开发建设利用的价值很低并明显低于地下矿产资源开发价值，即该区域 $CP < MP_实$，因此应划入限制建设区（对应的地下可采区），简称可采禁建区。

　　通过划定地上、地下立体空间管制三个边界和四大区域，具有重要的现实意义：其一，在理论上，将地上土地和地下煤炭两种资源研究纳入统一分析框架，并界定了地上土地资源利用与地下矿产资源开发的立体空间无差异曲线；其二，在实践上，将城市总体规划、土地利用总体规划和矿产资源规划技术规定在立体空间上实现有效对接，并找到了城市建设、合理缓采和可采区的空间边界；其三，在管理上，将不同规划的空间分区在立体空间上实现有效统一，并指明了化解地-矿冲突的空间参考系。可见，立体空间管制可有效缓解资源压覆特性的地-矿冲突，有助于地-矿协同发展，接着需要构建模型进行实证分析和理论命题验证。

7.3　实　证　分　析

7.3.1　研究思路

根据上述空间管控模型构建过程分析可知，在验证 7.2 节中的理论命题和划分立体空间边界过程中，重点必须做三个工作：其一，地下煤炭三类价值的评估与测算；其二，地上建设用地综合价值及其空间数据库的建立；其三，立体空间均衡曲线的提取，进而划定禁采（建设）、缓采（可建）和可采（扩展）三个边界和确定四大管制区域。因此，实证分析思路和理论命题验证步骤主要分三步展开，详见 7.3.2 节。

7.3.2　地-矿价值评估

1. 地下煤炭价值测算

1）MP$_正$评估思路与模型

只考虑开采地下煤炭资源所产生的正面效用价值的评估，主要借鉴已有学者研究思路[8,282-285]和资产评估常用方法，构建如式（7-1）所示的模型进行测算。

$$V_1 = P \times m \tag{7-1}$$

式中，V_1 代表单位面积煤炭产值，下同；P 代表煤炭均价，下同；m 代表单位面积煤炭产量。

2）MP$_负$评估思路与模型

由于涉及的煤矿各自的压覆面积有所不同，因此需要参考已有学者研究成果[285-287]，根据各个煤矿对中心城区的影响度作为权重，通过构建如式（7-2）所示的模型，求出在各个煤矿互相影响下的平均原煤单位成本。

$$P_X = \sum_{i=1}^{n} P_i \cdot k_i \tag{7-2}$$

式中，P_X 代表平均原煤单位成本，下同；n 代表煤矿个数；i 代表第 i 个煤矿；P_i 代表各个煤矿的原煤单位成本；k_i 代表各个煤矿权重。

考虑煤矿带来的正面效益和显性成本后，以原煤单位财务成本作为显性成本，正面效益由式（7-1）获得，通过构建如式（7-3）所示的模型，即以煤炭均价扣除原煤单位财务成本可获得剩余的单位价值，设为 a。

$$a = P - P_X \tag{7-3}$$

进而，按剩余的单位价值与煤价的比例可计算获得扣除显性成本后单位面积地下煤炭价值 $MP_负$，设为 V_2。

$$V_2 = V_1 \times \frac{a}{P} = a \times m \qquad (7\text{-}4)$$

3）$MP_实$ 评估思路与模型

隐性成本是煤炭企业运营过程中经常忽视的支出[285-288]，实际上煤炭企业在刚获得煤矿的采矿权需要支出一笔费用，这笔费用应该摊销到每年的成本之中；另外，现实实践过程中煤炭企业每年都要承担一定的地质环境治理费用，弥补因采矿对周边生态环境的破坏，因此在评估 $MP_实$ 价值时，要坚持实事求是原则，把采矿权单价和地质环境治理费用也考虑进去。

与式（7-2）类似，在煤炭的单价上，扣除显性成本平均原煤单位成本后，先把采矿权单价扣除，得到扣除采矿权单价后煤炭的单位价值，同样地，由于各个公司的采矿权费用不同，单价也不相同，因此参考已有学者研究成果[284-287]，采取各个煤矿对中心城区的影响度作为权重，进而通过式（7-5）～式（7-8）分别评估计算平均采矿权单价、剩余单价和 $MP_实$ 价值。

$$G_Y = \sum_{i=1}^{n} G_i \cdot k_i \qquad (7\text{-}5)$$

式中，G_Y 代表平均采矿权单价；G_i 代表各个煤矿的采矿权单价；k_i 代表各个煤矿权重。

$$b = a - G_Y \qquad (7\text{-}6)$$

式中，b 代表煤炭均价扣除原煤单位成本和采矿权单价可获得剩余的单位价值，同理通过式（7-7）可得扣除采矿权单价后的地下单位价值。

$$V_b = V_1 \times \frac{b}{P} \qquad (7\text{-}7)$$

根据每个煤炭公司的治理费支出，可计算出地质环境治理费总和。在已知压覆区在城区范围内的总面积的基础上，可通过如式（7-8）评估计算 $MP_实$ 价值。

$$V_3 = \frac{V_b \times S - M}{S} = V_b - \frac{M}{S} \qquad (7\text{-}8)$$

式中，V_3 代表扣除显性和隐形成本后的单位面积地下煤炭开采真实价值（即为 $MP_实$）；S 代表压覆区在城区范围内的总面积；M 代表地质环境治理总费用。

2. 地上土地价值测算

由于地上土地价值一般分为工业、商业和住宅三种类型价格，且不同类型价格影响因素和评估方法差别较大，再加上更加难以把握的空间变化规律，因此城市土地价格的评估是一项十分复杂的工作。而国土部门一直在做基准地价和样点地价的评估及更新工作，并且基准地价能够综合反映一个城市的经济、社会和环境综合效益，因此可以作为反映一个区域内土地价值的量化指标[285-288]。同时可依据美国经济学家米尔歇（Mills）提出的基准地价和土地级别的关系建立土地级别与基准地价的数学关系[285-290]，可得两者之间的指数模型，见式（7-9），进而测算压覆区土地资源基准地价，并最终确定土地价值。

$$Y_n = \alpha e^{\beta \cdot X_n} \tag{7-9}$$

式中，Y_n 代表 n 级土地某用途基准地价；X_n 代表 n 级土地级别；α、β 是常数。

3. 地价等值线提取

在进行土地价格空间分析过程中，主要运用普通克里金（ordinary Kriging）空间插值方法。它是利用区域化变量的原始数据和变异函数的结构特点，对未采样点的区域化变量取值进行线性无偏最优估计的一种空间计量方法。具体讲，它是根据待估样点有限邻域内若干已测定的样点数据，在认真考虑样点数据的形状、大小和空间分布、与待估样点相互空间位置关系，以及变异函数提供的机构信息之后，对该待估样点值进行的一种线性无偏最优估计。主要模型如下。

设评估区域内位置 x_0 处某一变量的估计值为 $Z^*(x_0)$，现通过 n 个测定值 $Z(x_i)$ $(i=1,2,3,\cdots,n)$ 的线性组合来估计 $Z^*(x_0)$，即

$$Z^*(x_0) = \sum_{i=1}^{n} \lambda_i Z(x_i) \tag{7-10}$$

要实现 $Z^*(x_0)$ 的无偏和最优估计，权重 λ_i 的选择应满足估计值无偏，且其方差 σ^2 小于观测值其他线性组合产生的方差，即

$$E[Z^*(x_0) - Z(x_i)] = 0 \quad \sigma^2[Z^*(x_0) - Z(x_i)] = \min \tag{7-11}$$

由上式，利用拉格朗日极小原理，导出 λ_i 与半方差之间的矩阵：

$$\begin{bmatrix} r_{11} & r_{12} & \cdots & r_{1n} & 1 \\ r_{21} & r_{22} & \cdots & r_{2n} & 1 \\ & & \cdots & & \\ r_{n1} & r_{n2} & \cdots & r_{nn} & 1 \\ 1 & 1 & \cdots & 1 & 0 \end{bmatrix} \begin{bmatrix} \lambda_1 \\ \lambda_2 \\ \cdots \\ \lambda_n \\ \varphi \end{bmatrix} = \begin{bmatrix} r_{10} \\ r_{20} \\ \cdots \\ r_{n0} \\ 1 \end{bmatrix} \tag{7-12}$$

式中，r_{ij} 代表 x_i、x_j 间距 $|x_i - x_j|$ 的半方差；φ 代表拉格朗日算子。求解式（7-12）方程组和 φ 值后，由式（7-12）可写出 x_0 点的最优估计值 $Z^*(x_0)$。从而，为效益均衡分析提供新的工具。

7.3.3　研究区选择

结合我国煤炭资源的分布特征和第 3 章的综合分区结果，选取东部地区的两个资源压覆较为严重的煤炭城市济宁市（中心城区压覆资源）及徐州市沛县（城镇及居民点，尤其是居民点压覆煤炭严重）为例进行实证分析和理论命题验证。

1）济宁市概况

济宁市是山东省主要的煤炭资源型城市和煤炭资源供应基地，原煤产量占全省总产量的 52%，是一座名副其实的煤城，境内含煤面积占济宁市总面积的 36.7%；辖区内已累计查明煤炭资源储量 140 亿 t，占全省的 53.8%。

如图 7-7 和表 7-1 所示，唐口煤矿、岱庄煤矿、许厂煤矿、杨村煤矿、田庄煤矿、济宁二号井煤矿和安居煤矿等含煤区域（主要包括 3 上、3 下、6、10 下、15、16、17、18 号煤层），正好将济宁市现有城区紧紧包围，城市地上土地利用与地下煤炭开采存在较大冲突，济宁市城市规划中心区范围 217.15km²，其中煤炭压覆面积为 127.16km²，占规划面积58.56%，压覆煤炭资源高达 102564.1 万 t，即济宁市未来空间扩张近 60%需要以禁采压覆煤炭资源为代价。因此，一方面城市发展历史必然性需要区域土地空间不断地扩大（如济宁市边界由建城时 2.12km² 的老城区迅速增加

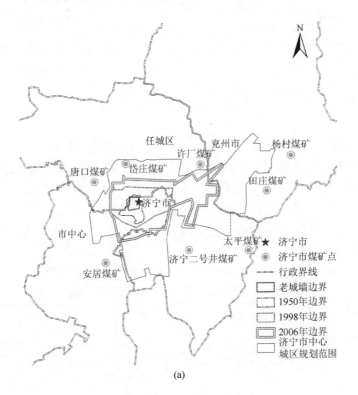

(a)

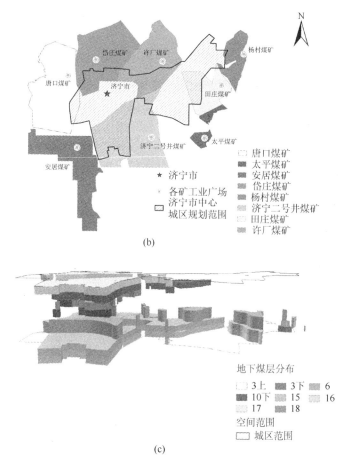

(b)

(c)

图 7-7 济宁市区城市发展历程（a）与煤炭资源分布平面（b）及三维（c）图

到 1950 年的 7.04km²、1998 年的 32.96km²、2006 年的 75.78km²），另一方面为保证煤炭开采又要限制地上空间的不断扩张，从而制约了城市资源优势向经济优势到发展优势转变。由此可见，日益增长的城市空间扩张的自发性，急需考量煤炭资源与城市化对社会经济的综合效益并权衡得失后优化立体空间布局，为破解城市发展受困于煤炭压覆或者煤炭产业发展受制于城市建设两难困境提供决策参考和科学依据。

表 7-1 济宁市中心城区规划范围资源压覆情况表

项目	规划面积/km²	压覆面积/km²	压覆煤炭资源储量/万 t
中心城区范围	217.15	127.16	102564.1

资料来源：《济宁市城市总体规划（2014—2030 年）》和《济宁市煤炭压覆调查报告（2013 年）》。

2）徐州市沛县概况

徐州市沛县是江苏省煤炭资源最为丰富的地区，也是华东地区最大的煤炭工业基地重要组成部分。煤田面积为 160km²，占沛县土地总面积的 10.15%，已探明储量为 24 亿 t，可均衡开采 100 年，境内有部、省、市属 8 对矿井，年产原煤 1200 万 t，占全省煤炭总产量的 40%，且集中分布在沛县北部地区，存在压覆情况主要为城镇及居民点用地。

7.3.4　结果分析

1. 济宁市空间管制结果

1）地下资源价值评估结果

根据《济宁统计年鉴 2014》及济宁市政府部门提供的煤矿基本资料和图表文献等资料，且已知 2013 年济宁市煤炭均价为 500 元/t，煤炭产量约 2500t/亩，可得煤矿资源开采价值基本信息，如表 7-2 所示。

表 7-2　煤矿基本信息表

煤矿	压覆面积/km²	原煤单位成本/(元/t)	地质环境治理费用/万元	采矿权费用/(元/t)
岱庄煤矿	27.62	342	13920	6.27
唐口煤矿	9.44	259	24694	6.05
田庄煤矿	12.56	574	4170	5.96
许厂煤矿	27.65	312	6746	6.43
济宁二号井煤矿	46.82	372	16370	6.59
杨村煤矿	1.27	477	1899	5.93
安居煤矿	1.33	—	—	—

注：由于安居煤矿刚投产不久，基础资料不齐全，而且压覆资源量较小，故后续部分测算过程不考虑该煤矿。

由于中心城区涉及的 7 个煤矿各自的压覆面积有所不同，本书根据各个煤矿对中心城区的影响度作为权重，求出在各个煤矿互相影响下的平均原煤单位成本。权重如表 7-3 所示。

表 7-3　各压覆煤矿区权重表

煤矿	压覆区占中心城区面积/km²	影响度
岱庄煤矿	27.62	0.25
唐口煤矿	9.44	0.01
田庄煤矿	12.56	0.12

煤矿	压覆区占中心城区面积/km²	影响度
许厂煤矿	27.65	0.24
济宁二号井煤矿	46.82	0.37
杨村煤矿	1.27	0.01
总和	125.36	1.00

在收集整理基础数据的基础上，根据价值评估模型，可得济宁中心城区地下煤炭资源开采利用的 $MP_正$、$MP_负$ 和 $MP_实$ 三种价值，具体如表 7-4 所示。

表 7-4　地下煤炭开采三种类型价值及其对应立体空间边界汇总

煤炭价值类型	立体空间边界	单位面积价值/(元/m²)
$MP_正$	禁采（建设）	1875
$MP_负$	缓采（可建）	506
$MP_实$	可采（扩展）	445

资料来源：《济宁统计年鉴 2014》、《煤炭储量调查报告》和《矿山生态环境治理报告》。

2）数据整理与分析

根据 2013 年济宁市中心城区基准地价更新报告统计数据库，对式（7-9）两边求对数进行变形，确定土地级别和基准地价之间的函数关系（图 7-8）和模型参数 α、β。

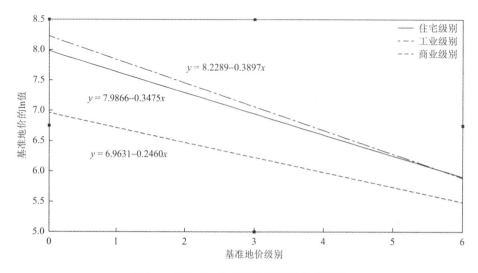

图 7-8　济宁市土地级别与基准地价关系图

根据上述估算思路和构建估计模型，可得如表 7-5 所示的济宁市中心城区预测基准地价范围。

表 7-5　济宁市中心城区预测基准地价范围表　　（单位：元/m²）

级别	住宅		工业		商业	
	最大	最小	最大	最小	最大	最小
一级	2472	1746	934	730	3084	2088
二级	1746	1233	730	571	2088	1414
三级	1233	871	571	446	1600	1200
四级	871	615	446	349	1200	700
五级	615	435	349	273	700	400

资料来源：济宁市地价更新评估报告。

参考已有学者研究成果[254-257]，根据表 7-5 中基准地价范围，结合区位理论和地价分布规律来确定采样点的用途和级别，并综合考虑区域实际发展情况，可得济宁市中心城区工业、商业和住宅用地地价采样点布设如图 7-9～图 7-11 所示。

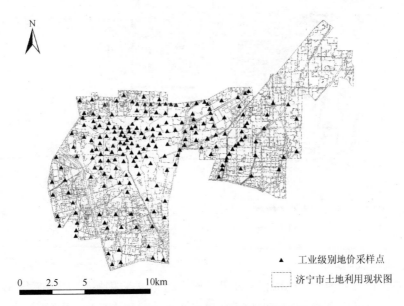

N

| 0 | 2.5 | 5 | 10km |

▲　工业级别地价采样点

　　济宁市土地利用现状图

图 7-9　济宁市中心城区工业级别采样点分布

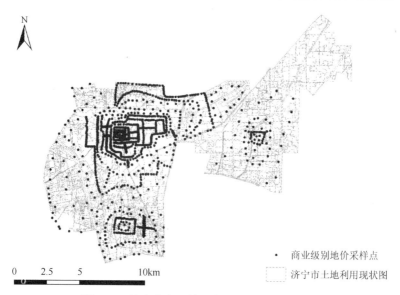

图 7-10　济宁市中心城区商业级别采样点分布

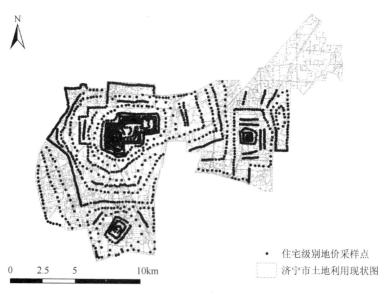

图 7-11　济宁市中心城区住宅级别采样点分布

3）等值线确定

样点地价作为一种空间数据，兼具结构性和异质性的特征，因此采用 ordinary Kriging 法插值的效果要较一般的反距离权重法等确定性插值方法精确[288-290]。插值在 ArcGIS10.0 Geostatistical Analysis 模块下完成对济宁市中心城区采样点数据进行分析（图 7-12）。

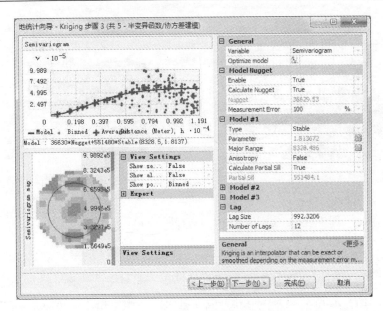

图 7-12　半变异函数/协方差建模

　　为避免数据集非正态影响[288-291]，采用 ordinary Kriging 插值方法，根据半变异函数云图，确定相应经验模拟函数（图 7-13），进而依据样本点分布、插值结果确定济宁市地价等值线，济宁市地价呈现"中心高四周低"特征，地价等值线围绕市中心逐次降低（图 7-14）。

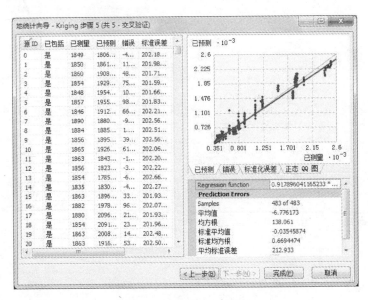

图 7-13　数据图层信息面板

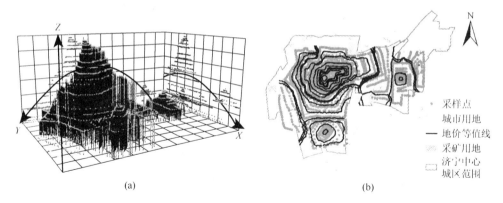

(a)　　　　　　　　　　　　　　　　　　(b)

图 7-14　济宁市样本地价分布特征（a）及等值线（b）图

4）边界确定

依据 7.2 节的理论命题和上述测算的结果，即禁采（建设）边界所对应的均衡价格为 1875 元/m²，缓采（可建）边界对应的均衡价格为 506 元/m²，可采（扩展）边界对应的均衡价格为 445 元/m²，利用式（7-13）～式（7-15）确定的均衡条件，在插值后的地价等值线数据库中进行检索和查询，进而确定煤炭城市立体空间管控的三个立体边界和四大管控区域，并最终验证 7.2 节提出的理论命题，结果如图 7-15 和表 7-6 所示。

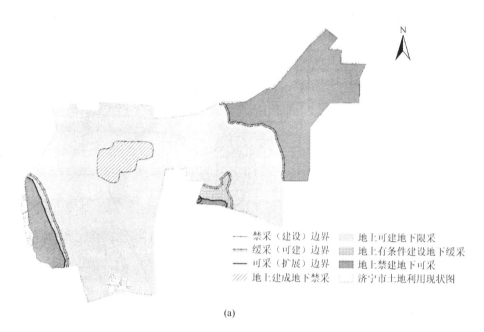

(a)

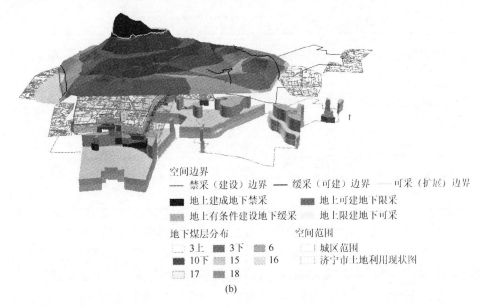

空间边界
—— 禁采（建设）边界　—— 缓采（可建）边界　—— 可采（扩展）边界
■ 地上建成地下禁采　　　■ 地上可建地下限采
■ 地上有条件建设地下缓采　　地上限建地下可采

地下煤层分布　　　　　　空间范围
□ 3 上　□ 3 下　■ 6　　□ 城区范围
■ 10 下　■ 15　■ 16　　□ 济宁市土地利用现状图
□ 17　■ 18
(b)

图 7-15　济宁市中心城区立体空间边界划分与管制分区平面（a）与三维（b）图

$$禁采（建设）边界：CP_1 = MP_\text{正} \qquad\qquad (7\text{-}13)$$

$$缓采（可建）边界：CP_2 = MP_\text{负} = MP_\text{正} - P_c \qquad\qquad (7\text{-}14)$$

$$可采（扩展）边界：CP_3 = MP_\text{实} = MP_\text{正} - P_c - P_e \qquad\qquad (7\text{-}15)$$

式（7-13）～式（7-15）中，CP 代表地上土地资源综合利用价值；$MP_\text{正}$代表不计开采成本只考虑地下资源所产生的正面效用所确定的储量价值；$MP_\text{负}$代表地下资源所产生的正面效应减去开采付出人力、物力和财力等财务成本后的效用价值；$MP_\text{实}$是在 $MP_\text{负}$ 的基础上扣除环境污染、生态破坏等隐形成本后的效用价值。

5）结果分析

如图 7-15 和表 7-6 所示，从地上土地利用视角观察，济宁市中心城区地-矿冲突范围内，分别以市中心为原点划分地上土地资源的建成、可建、有条件建设和禁建四大管制区域，面积分别为 8.46km²、79.19km²、12.63km² 和 26.88km²；其中，禁采和限采区域及其对应的建成、可建区域合计 87.65km²，占整个压覆区的 68.93%，而缓采和可采区域及其对应的有条件建设区及禁建区域合计 39.51km²，占压覆区的 31.07%。从地下煤炭开采视角判断，济宁市中心城区地-矿冲突范围内，分别以市中心为原点划分地下煤炭资源的禁采、限采、缓采和可采四大管制区域，煤炭资源数量分别为 0 万 t、63345.33 万 t、1477.78 万 t 和 8723.57 万 t；其中，建成、可建区域及其对应的禁采和限采区域煤炭量合计 63345.33 万 t，占整个压覆区的 86.13%，而有条件建设区及禁建区域及其对应的缓采和可采区域合计 10201.35 万 t，占压覆区的 13.87%。

表 7-6　济宁市中心城区压覆区空间管制分区统计表

管制区域	地上土地资源		地下煤炭资源	
	面积/km²	比例/%	数量/万 t	比例/%
禁采建成区	8.46	6.65	0	0
限采可建区	79.19	62.28	63345.33	86.13
缓采有条件建设区	12.63	9.93	1477.78	2.01
可采禁建区	26.88	21.14	8723.57	11.86
合计	127.16	100.00	73546.68	100.00

由此可见，从化解区域冲突和实现地-矿统筹视角出发，济宁市缓采（可建）边界范围内 87.65km²（占地-矿冲突面积的 68.93%）应该优先开展地上土地开发建设，与此对应地下压覆的 63345.33 万 t 煤炭资源暂不予开采；缓采（可建）边界范围之外 39.51km²（占地-矿冲突面积的 31.07%）应该优先支持地下 10201.35 万 t 煤炭资源的开采利用，最终实现区域立体空间综合利用效益最大化和化解地-矿冲突目标。

2. 沛县空间管制结果

1）地下煤炭价值的测算

首先，确定 $MP_正$，考虑沛县煤炭品质与济宁市有较大差异，这里煤炭均价 P 采用《中国矿业年鉴 2014》全年平均煤炭价格 685 元/t；单位土地面积煤炭产量 m = 压覆煤炭总储量/压覆面积 = 2.49。则可求得单位土地面积下压覆煤炭资源价值 V_1 如下：$V_1 = P \times m = 1705.26$ 元/m²。此数值略小于济宁市 $MP_正$，原因在于：①徐州市煤炭开采已经进入衰退期，煤炭总剩余储量不断下滑，但是被压覆的煤炭处于较靠近市区的地区地上土地难以征收，因此其压覆面积始终没有太大变化，单位面积煤炭产量较低；②煤炭行业不景气，煤炭价格下滑，很多国有煤炭企业完全是在亏损营业，私营煤炭企业收入也连连下滑，煤炭价格已经逐渐逼近开采成本。

其次，估算 $MP_负$。参考黄国良和李强[292]的研究知 2014 年原煤开采成本 P_X = 327.41 元/t，而 P 已知为 685 元/t，则可知煤炭均价扣除原煤单位财务成本可获得剩余的单位价值 $a = 685 - 327.41 = 357.59$ 元/t，则扣除显性成本后单位面积地下煤炭价值 $V_2 = a \times m = 357.59 \times 2.49 = 890.40$ 元/m²，即为 $MP_负$。

最后，测算 $MP_实$。①采矿权费用包括采矿权出让金和采矿权使用费。根据国家规定，采矿权使用费是每平方千米每年 1000 元，即 0.001 元/m²，可以忽略不计；各个煤矿采矿权出让金时间较长缺少资料，只找到张双楼煤矿 2015 年采矿权转让交易价格 15 亿元，矿区面积 38km²，有效期限至 2030 年 12 月。按利息率 10%计算，每年每平方米平均采矿权费用 3 元；②地质环境治理费用包括企业支付给农民的农作物损失补偿费每年每亩 900 元（每平方米 1.35 元）、采煤塌陷地复垦费用每亩 5000～7000 元［《江苏省国土资源厅关于调整采煤塌陷地征迁补偿标准的意见》］，截至 2014 年年底，尚有 27.5275 万亩未复垦整治。按平均价格共需 16.5 亿元，平均到所有土地上为 6.19 元/m²；③煤矿区土地按江苏省国土资源厅《关于调整采煤塌陷地征迁补偿标准的意见》标准为两万元一亩，即 30 元/m²。可知，隐形成本单价为 40.52 元/m²。则有煤炭均价扣除原煤单位成本和采矿权单价可获得剩余的单位价值 $b = 357.59 - 40.52 = 317.07$ 元/m²。扣除显性和隐形成本后的单位面积地下煤炭开采真实价值 $V_3 = b \times m = 317.07 \times 2.49 = 789.50$ 元/m²。

在收集整理基础数据的基础上，根据上述计算过程，可得沛县地下煤炭资源开采利用的 $MP_{正}$、$MP_{负}$ 和 $MP_{实}$ 三种价值，具体如表 7-7 所示。

表 7-7 地下煤炭开采三种类型价值及其对应立体空间边界汇总

煤炭价值类型	立体空间边界	单位面积价值/(元/m²)
$MP_{正}$	禁采(建设)	1705
$MP_{负}$	缓采(可建)	890
$MP_{实}$	可采(扩展)	790

2）地上土地价值测算

根据 2013 年沛县县城基准地价更新报告统计数据库，将土地价格估算公式［式（7-9）］两边求对数进行变形，确定土地级别和基准地价之间的函数关系（图 7-16）和模型参数 α、β。

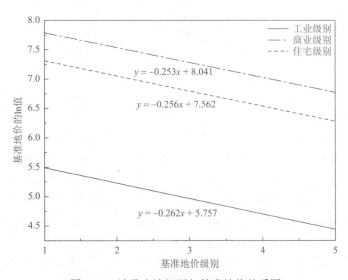

图 7-16 沛县土地级别与基准地价关系图

3）等值线确定

运用 ordinary Kriging 插值方法，通过计算机软件 ArcGIS10.0 Geostatistical Analysis 模块，对沛县地价采样点数据进行分析（图 7-17）。由于住宅区分布较工业区、商业区广泛，价格差异较明显，所以在地上建筑物价格的计算分布中选用住宅价格，插值分析结果如图 7-18 和图 7-19 所示。

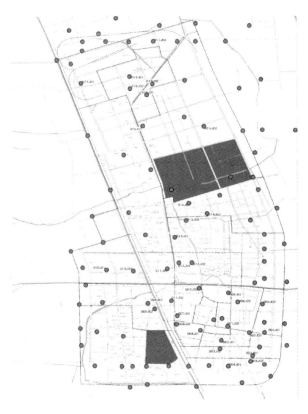

图 7-17　沛县住宅监测点分布图

4）边界确定

与济宁市相同，依据本书 7.2 节部分理论分析判断和 7.3.4 节沛县地-矿价值测算的结果，即禁采（建设）边界所对应的均衡价格为 1705 元/m²，缓采（可建）边界对应的均衡价格为 890 元/m²，可采（扩展）边界对应的价格为 790 元/m²，利用模型（7-10）～模型（7-12）确定的均衡条件，在插值后的地价等值线数据库中进行检索和查询（图 7-20 和图 7-21），进而确定煤炭城市立体空间管控的三个立体边界和四大管控区域，并最终验证理论命题，结果如表 7-8 和图 7-22 所示。

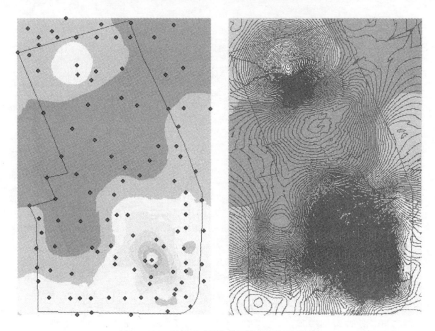

图 7-18 克里金插值分析与地价等值线

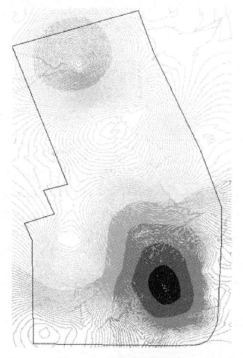

图 7-19 插值分析等值线

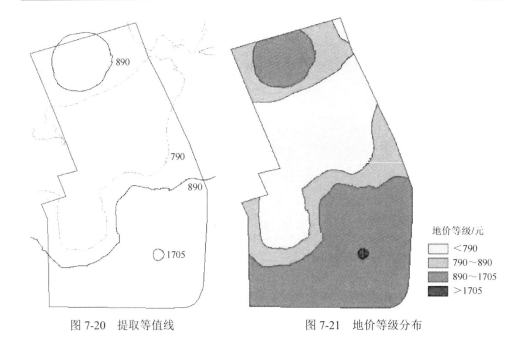

图 7-20　提取等值线　　　　　　　图 7-21　　地价等级分布

表 7-8　沛县压覆区空间管制分区统计表

地价等级	地价范围/元	管制区域	面积/km²	占总面积百分比/%
1	>1705	禁采建成区	0.185	0.26
2	890~1705	限采可建区	31.556	43.85
3	790~890	缓采有条件建设区	15.735	21.87
4	<790	可采禁建区	24.480	34.02
合计			71.956	

　　由此可见，从化解徐州市沛县地-矿冲突和实现区域协调发展视角出发，沛县地-矿冲突范围分别以市中心为原点划分地上土地资源的建成、可建、有条件建设和禁建四大管制区域，面积分别为 0.185km²、31.556km²、15.735km² 和 24.480km²；其中，禁采和限采区域及其对应的建成、可建区域合计 31.741km²，占整个压覆区的 44.11%，应该优先支持地上土地开发利用和城镇建设，同时要限制和禁止地下煤炭资源开采活动，而缓采和可采区域及其对应的有条件建设区及禁建区域合计 40.215km²，占压覆区的 55.89%，应该优先支持地下煤炭资源开采，同时禁止和限制地上土地开发利用和城镇建设。

　　3. 两地地-矿管控对比

　　综合对比济宁市和徐州沛县地-矿冲突问题可知，两地都能很好验证煤炭城市

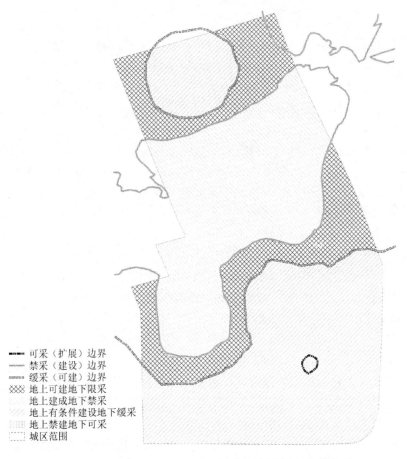

图 7-22　沛县地-矿空间边界划分与管制分区平面图

三个立体边界和四大管控区域的理论命题，能够为地-矿统筹调控提供定量参考和调控依据。同时应该看到，不同级别城市的地-矿冲突不同，济宁市以中心城区压覆煤炭为主，地-矿冲突更为严峻，煤炭开采地上损毁成本较大，而徐州市沛县煤炭资源压覆以居民点压煤为主，地上拆迁和搬迁成本较低，并且济宁市的压覆区域土地开发利用比例较高占 68.93%，而沛县压覆区域倾向于土地利用仅占44.11%，因此两者调控策略的立体空间选择差异明显。

7.4　本章小结

　　本章以煤炭城市地-矿资源立体空间分析为基础，在深化一般城市空间平面扩张调控模型后，提出新的理论命题：地-矿立体空间管控模型，并界定煤炭城市立体空间的三个立体边界和四大管控区域，即禁采（建设）、缓采（可建）和可采（扩展）三个调控边界和地上建成地下禁采、地上可建地下限采、地上有条件建设地下缓采和地上禁建地下可采四个管控区域，并以压覆问题突出的济宁市和徐州市沛县为例，从不同级别煤炭城市验证了理论命题，进而从微观层面提出化解煤炭城市地-矿冲突的调控路径，即缓采（可建）边界内，应该优先开展地上土地开发建设，缓采（可建）边界之外，应该优先支持地下煤炭资源的开采利用。得出以下研究结果。

其一，理论分析表明，应该在立体空间上提出新的理论命题将地上、地下两种资源利用纳入统一研究框架，进而确定煤炭城市的禁采（建设）、缓采（可建）和可采（扩展）三个调控边界和地上建成地下禁采、地上可建地下限采、地上有条件建设地下缓采和地上禁建地下可采四个管控区域，从而通过立体空间优化管控优先消除地-矿冲突根本问题、多方博弈逐步消除其制度问题和长时间努力最终消除城市依附煤矿而建问题。

其二，实证结果显示，济宁市地-矿冲突范围内的四个管控区域地上土地面积分别为 8.46km^2、79.19km^2、12.63km^2 和 26.88km^2，地下煤炭数量分别为 0 万 t、63345.33 万 t、1477.78 万 t 和 8723.57 万 t；沛县地-矿冲突范围分别以市中心为原点划分地上土地资源的建成、可建、有条件建设和禁建四大管制区域，面积分别为 0.185km^2、31.556km^2、15.735km^2 和 24.480km^2。

其三，调控对策建议，当前济宁市缓采（可建）边界内的 87.65km^2（占地-矿冲突面积的 68.93%），应该优先开展地上土地开发建设，与此对应地下压覆的 63345.33 万 t 煤炭资源暂不予开采利用，缓采（可建）边界之外的 39.51km^2（占地-矿冲突面积的 31.07%），应该优先支持地下 10201.35 万 t 煤炭资源的开采利用，而徐州市沛县禁采和限采区域及其对应的建成、可建区域合计 31.741km^2，占整个压覆区的 44.11%，应该优先支持地上建设并限制地下煤炭资源开采，而缓采和可采区域及其对应的有条件建设及禁建区域合计 40.215km^2，占压覆区的 55.89%，应该优先支持地下煤炭开采并限制地上建设。

第8章　煤炭城市地-矿冲突调控建议

以煤炭城市地-矿冲突呈现的"三加"特征为研究逻辑起点，以化解不断加剧的地-矿冲突为研究主线，将煤炭城市地-矿协同发展作为研究目标贯穿全文，即首先分析地-矿资源分布特征、冲突现状、冲突类型与分区及不同利益主体对煤炭城市地-矿冲突认知，进而总结地-矿冲突理论动因，然后从宏观需求、中观供给、微观管制调控三个维度重点研究调控地-矿冲突的路径和策略。主要研究结论、调控建议如下。

（1）中国地-矿资源分布、冲突及其成因呈现分异现象。作为煤炭城市地-矿冲突调控的重要前提，本书在把握中国地-矿资源基本现状及供需矛盾基础上，总结其地-矿冲突现状、形式及综合分区和主要特征，进而在微观案例分析基础上解析地-矿冲突的理论动因和调控策略，以便为煤炭城市地-矿冲突研究开展提供现实参考和调控前提。主要结论和调控建议有三：①地-矿冲突现状分析判断，中国土地资源和煤炭资源自身空间分布和供需矛盾就十分突出，将土地和煤炭两种资源叠加到同一立体空间（地上和地下）形成共振效应会进一步激化其冲突和矛盾，而且中国煤炭城市资源开发冲突呈现区域分异特点并分为地（城）矿冲突、地（农）矿冲突、矿水（资源）冲突和矿灾（地质灾害）冲突四种类型；②典型城市地-矿冲突测度，各方基于自身利益，社会公众、煤矿企业和中介机构对地-矿冲突选择认知差异较大，并且典型城市地下煤矿开采转化为单位面积的综合效用价值为 315.11 元/m²，明显低于地上缓采区边界土地资源单位平均综合价值（506 元/m²）；③地-矿冲突动因分析表明，首先，城市依附煤矿而建是地-矿冲突的先天原因，且城市空间不断拓展，导致煤炭压覆冲突不断激化；其次，同位资源权属分割是地-矿冲突制度原因，且同一空间存在至少两个利益诉求不同的权属主体而激化地-矿冲突；最后，立体空间管控滞后是地-矿冲突根本原因，由于空间管控滞后，煤炭城市发展规划与土地资源和煤炭资源开发等多种规划冲突不断升级。

（2）城市发展过程中地-矿贡献度及其方向具有分异特征。作为煤炭城市地-矿冲突调控的重要基础，在分析煤炭城市地-矿冲突现状和理论成因的基础上，本书通过构建系统分析框架和改进 C-D 生产函数，将土地资源和煤炭资源两种要素纳入统一框架和计量模型进行综合研究，并揭示不同时间尺度下土地利用和煤炭开发对中国城镇发展的贡献及其演变规律，旨在从宏观层面揭示两者与城镇发展和经济建设的逻辑关系，以便为煤炭城市地-矿冲突研究开展提供定量依据和调控基础。主要结论和调控建议有三：①计量分析表明，1978 年以来中国城市经济发展处于规模报酬递增阶段，经济增长分别主要依靠土地要素和劳动力要素驱动，并且土地资源作为经济发展的重要驱动要素很难被资本等要素投入替代，而煤炭消耗对经济增长的贡献从正向驱动变为负向驱动，被劳动、资本和其他能源等要素替代的可能性较大；②区域对比发现，要素需求弹性贡献排序分别为东北部（2.603）>东部（1.478）>中部（1.310）>西部（0.991），要素供给弹性贡献排序分别为东北部抚顺市（5.6350）>西部乌海市（3.8785）>中部大同市（2.1482）>东部徐州市（0.8806），供求弹性伴随城镇经济发展水平提升呈现逆向分异规律，并且东部地区劳动贡献度（0.663）处于首位，中部地区及东北部地区土地贡献度（0.581）处于首位，西部地区资本贡献度（0.688）处于首位；③调控对策建议，鉴于中国城市发展方式正在由传统的资源消耗型向人才、技术创新型转变，并且土地利用对中国经济发展的贡献较为持久，煤炭产业由于贡献度发生方向性改变而急需转型升级。由此建议从煤炭城市可持续发展视角出发，宏观层面的公共政策创新应该集中在压缩煤炭消费需求、生产供给和差别化调控主导贡献因素上（如东部地区重点调控劳动力因素、中部和东北部重点调控土地投入要素、西部重点调控资本投入要素）。

（3）经济发展与煤炭消费符合 Kuznets 曲线规律。为寻求化解地-矿冲突宏观需求层面的调控路径，本书在揭示土地利用和煤炭开发对中国城镇发展的贡献及其演变规律基础上，基于煤炭资源消费视角提出研究假说：经济发展与煤炭消费存在 Kuznets（倒"U"形）曲线关系，进而构建模型进行实证检验，以便在经济发展与煤炭消费一般规律指导下，为化解地-矿冲突提供基于煤炭消费需求视角的宏观调控指导。主要结论和调控建议有三：①经验归纳总结，国际（发达国家和地区）在工业化、城市化由初级阶段过渡到高级阶段过程中，经济发展对煤炭消费需求的强烈程度先增强后减弱，当这种依赖程度变为负相关时，中国煤炭消费将出现顶点，整个过程呈现类似 EKC（倒"U"形）曲线轨迹；②实证检验显示，全国及天津和山西等 28 个省（自治区、直辖市）较好地验证了经济发展与煤炭消费的 Kuznets 曲线（倒"U"曲线）规律，并且中国煤炭消费顶点值出现在 2013～2014 年，其中北京和上海等发达地区较早出现煤炭消费顶点，其余各省（自治区、直辖市）基本将于未来 20～30 年内进入数量脱钩阶段；③煤炭调控建议，首先中国以后煤炭消费不应该超过 Kuznets 曲线规律界定的 345627.27 万 t 顶点值，与 2014 年 38.70 亿 t 煤炭产量相比，中国有 4.14 亿 t 过剩煤炭产能，并且中国煤炭消费及生产重心西移，2020 年中国煤炭消费总量调控上限不应超过 27.40 亿 t，其中西部地区煤炭消费调控上限最大为 92669.10 万 t、东部地区煤炭消费调控上限紧随其后为 84070.14 万 t、中部地区煤炭消费调控上限排第三位为 61344.33 万 t、东北部地区煤炭消费调控上限最小为 35931.35 万 t，由此判断未来东部、西部地区仍是中国煤炭消费调控的重点区域。

（4）煤炭资源开采过程中城市土地综合承载力损伤严重。为寻求化解地-矿冲突中观供给层面的调控路径，在深化宏观调控路径的基础上，将主流的研究焦点（人口-土地-粮食）与煤炭资源型城市的矿产开发活动（煤炭-土地-经济）相融合，以土地承载力为研究载体，重点仿真量化煤炭城市土地综合承载力基本态势和演变规律，以便从中观层面揭示煤炭城市土地综合承载力并寻求地-矿冲突协同发展路径。主要结论和调控建议有三：①理论分析认为，煤炭资源型城市由于受人为扰动较大、土地综合承载力系统更是由经济子系统、承载力子系统和煤炭开采子系统等多个子系统决定，并具有复杂、多重的高阶次、非线性的反馈关系，一般计量模型难以把握规律；②系统模拟发现，乌海市煤炭资源开采利用是以损毁土地、破坏耕地和污染环境为代价的，模拟结果显示 2020 年其煤炭产量高达 10912.4 万 t，塌陷、挖损和压占土地分别为 13177.8hm^2、12291.9hm^2 和 2559.66hm^2，煤矸石和粉煤灰累计排放分别为 6150.33 万 t、5861.08 万 t，保有耕地面积与宜耕待复垦土地面积分别为 5991.3hm^2、2798.31hm^2；③情景分析表明，地-矿协调模式为乌海市冲突调控的最优发展方案，在此方案下乌海市到 2020 年的总人口为 64.25 万人，土地综合承载力在温饱消费水平下为 79.24 万人、在小康消费水平下为 65.11 万人，在低富裕消费水平下为 51.25 万人，即伴随煤炭资源的不断开发利用、乌海市地-矿协调模式下 2020 年土地承载力可以满足总人口在温饱及小康消费水平下的活动强度。

（5）煤炭城市地-矿冲突调控需划分三个边界和四大区域。为寻求化解地-矿冲突微观管制调控层面的调控路径，在细化中观调控路径的基础上，本书主要针对煤炭城市地-矿空间冲突尤其是资源压覆现实难题，从微观层面和空间优化视角寻求化解地-矿冲突的立体空间管控手段。主要结论和调控建议有三：①理论分析认为，地-矿立体空间应该划分为禁采（建设）、缓采（可建）和可采（扩展）三个调控边界和地上建成地下禁采、地上可建地下限采、地上有条件建设地下缓采和地上禁建地下可采四个管控区域；②实证结果显示，济宁市地-矿冲突范围内的四大管控区，地上土地面积分别为 8.46km^2、79.19km^2、12.63km^2 和 26.88km^2，地下煤炭资源分别为 0t、63345.33 万 t、1477.78 万 t 和 8723.57 万 t；徐州市沛县地-矿冲突范围，分别以商服中心为原点划分地上土地资源建成、可建、有条件建设和禁建四大管制区域，其规模分别为 0.185km^2、31.556km^2、15.735km^2 和 24.480km^2；③调控对策建议，济宁市当前缓采（可建）边界内的 87.65km^2（占地-矿冲突面积的 68.93%），应该优先开展地上土地开发建设，与此对应地下压覆的 63345.33 万 t 煤炭资源暂不予开采利用，缓采（可建）边界之外的 39.51km^2（占地-矿冲突面积的 31.07%），应该优先支持地下 10201.35 万 t

煤炭资源的开采利用；而徐州市沛县禁采和限采区域及其对应的建成、可建区域合计 31.741km^2，占整个压覆区的 44.11%，应该优先支持地上城镇建设并限制地下煤炭资源开采，而缓采和可采区域及其对应的有条件建设及禁建区域合计 40.215km^2，占压覆区的 55.89%，应该优先支持地下煤炭资源开采并限制地上城镇土地大规模建设。

参 考 文 献

[1] 谢和平. 煤炭革命不是"革煤炭的命"[N]. 中国科学报, 1, 2015-3-2.

[2] 白中科, 付梅臣, 贺振伟, 等. 特大型矿区复垦土地资源综合利用途径与时序设计[J]. 资源与产业, 2006, 8 (4): 75-80.

[3] 毕如田, 白中科, 李华, 等. 基于 RS 和 GIS 技术的露天矿区土地利用变化分析[J]. 农业工程学报, 2008, 24 (12): 201-204.

[4] Larondelle N, Haase D. Valuing post-mining landscapes using an ecosystem services approach-An example from Germany[J].Ecological Indicators, 2012, (18): 567-574.

[5] 周健奇, 梁海林. 中东部煤炭矿区城镇化应做到区域发展与资源开发统筹规划[J]. 中国煤炭, 2013, 39 (6): 8-10.

[6] 姚国征. 采煤塌陷对生态环境的影响及恢复研究[D]. 北京: 北京林业大学, 2012.

[7] 罗明, 白中科, 刘喜韬, 等. 土地复垦潜力调查评价研究[M]. 北京: 中国农业出版社, 2013.

[8] 李效顺, 林忆南, 刘泗斐. 基于农户意愿的矿区耕地损害补偿测度研究[J]. 自然资源学报, 2013, 28 (9): 1526-1537.

[9] Mao J. The path selections of the resource-based cities transformation in China[J]. International Journal of Financial Research. 2014, (5): 171-174.

[10] 杨永均, 张绍良, 侯湖平, 等. 煤炭开采的生态效应及其地域分异[J]. 中国土地科学, 2015, 29 (1): 81-88.

[11] 武涛, 刘键. 借鉴国内外经验促进资源型城市转型[J]. 中国财政, 2008, (21): 63-64.

[12] 赵楠, 李江华. 资源承载能力视角下的中国城乡统筹发展实证研究[M]. 北京: 中国人民大学出版社, 2011.

[13] 林伯强, 刘希颖. 中国城市化阶段的碳排放: 影响因素和减排策略[J]. 经济研究, 2010, (8): 66-78.

[14] 胡珺. 煤炭的低碳发展之路——访院士刘炯天[N]. 中国能源报, 4, 2011-3-21.

[15] 魏秀菊, 胡振琪, 付梅臣. 矿粮复合区采矿对水资源及粮食安全的影响[J]. 金属矿山, 2008, (5): 129-134.

[16] 黄翌, 汪云甲, 李效顺. 煤炭开发对矿区植被扰动时空效应的图谱分析——以大同矿区为例[J]. 生态学报, 2013, 33 (21): 7035-7043.

[17] Hubbert M K. Suvey of world energy resources[A]//Karam R A, Morgan K Z. Energy and the Environment Cost-Benefit Analysis[C]. Oxford: Pergamon Press, 1976: 3-38.

[18] Laherrere J H. The Hubbert Curve: its strengths and weaknesses[J]. Oil & Gas Journal, 2000, 98 (16): 63-76.

[19] Mohr S, Höök M, Mudd G, et al. Projection of long-term paths for Australian coal production:

Comparisons of four models[J]. International Journal of Coal Geology，2011，86（4）：329-341.

[20] Hook M，Zittel W，Schindler J，et al. Global coal production outlooks based on a logistic model[J]. Fuel，2010，89（11）：3546-3558.

[21] Patzek T W，Croft G D. A global coal production forecast with multi-Hubbert cycle analysis[J]. Energy，2010，35（8）：3109-3122.

[22] 郑欢. 中国煤炭产量峰值与煤炭资源可持续利用问题研究[D]. 成都：西南财经大学，2014.

[23] 方行明，杨锦英，郑欢. 中国煤炭需求增长极限及其调控[J]. 经济理论与经济管理. 2014，（12）：63-73.

[24] 殷腾飞，王立杰. 我国煤炭产业生命周期阶段识别及其峰值[J]. 工业技术经济，2015，（4）：44-50.

[25] 李金克，宋华岭，王凤华. 基于计量经济模型的煤炭消费与经济增长关系实证研究——以世界主要煤炭消费国为例[J]. 数理统计与管理，2009，28（2）：204-209.

[26] Li J，Li Z. A causality analysis of coal consumption and economic growth for China and India[J]. Natural Resources，2011，2（1）：54-60.

[27] Yildirim E，Aslan A，Ozturk I. Coal consumption and industrial production nexus in USA：Cointegration with two unknown structural breaks and causality approaches[J]. Renewable and Sustainable Energy Reviews，2012，16（8）：6123-6127.

[28] Apergis N，Payne J E. Coal consumption and economic growth：Evidence from a panel of OECD countries[J]. Energy Policy，2010，38（3）：1353-1359.

[29] 李维明，何花，李维红. 基于经济周期视角的煤炭消费和 GDP 关系探究[J]. 中国矿业，2012，21（8）：45-50.

[30] Chavez S G，Bernat J X，Coalla H L. Forecasting of energy production and consumption in Asturias（northern Spain）[J]. Energy，1999，24（3）：183-198.

[31] Kulshreshtha M，Parikh J K. Modeling demand for coal in India：vector autoregressive models with cointegrated variables[J]. Energy，2000，25（25）：149-168.

[32] 王妍，李京文. 我国煤炭消费现状与未来煤炭需求预测[J]. 中国人口·资源与环境，2008，18（3）：152-155.

[33] Hao Y，Zhang Z，Liao H，et al. China's farewell to coal：A forecast of coal consumption through 2020[J]. Energy Policy，2015，（86）：444-455.

[34] 徐国政. 碳约束下我国煤炭供需研究[J]. 中国煤炭，2016，（3）：9-14.

[35] Kumar U，Jain V K. Time series models（Grey-Markov，Grey Model with rolling mechanism and singular spectrum analysis）to forecast energy consumption in India[J]. Energy，2010，35（4）：1709-1716.

[36] 鞠金艳，祝荣欣，陈玉. 基于经验模态分解的煤炭消费量组合预测[J]. 黑龙江科技大学学报，2016，（1）：110-116.

[37] 李钢. 矿地统筹发展及关键技术探讨[J]. 中国土地，2015，（6）：55-58.

[38] 徐占军，侯湖平，张绍良，等. 采矿活动和气候变化对煤矿区生态环境损失的影响[J]. 农业工程学报，2012，28（5）：232-240.

[39] 张笑然，白中科，曹银贵，等. 特大型露天煤矿区生态系统演变及其生态储存估算[J]. 生态学报，2016，（16）：1-11.

[40]　王海庆，聂洪峰，陈玲，等. 采矿沉陷遥感调查与危害性研究[J]. 国土资源遥感，2016，28（1）：114-121.

[41]　袁祖怀，周敏. 资源型城市转型中的市矿协同发展机理研究——以淮南市为例[J]. 学术界，2012，（3）：218-229.

[42]　卢元清，胡兴定. 平朔露天矿区农村居民点分布特征与搬迁模式研究[J]. 农村经济与科技，2015，（8）：197-201.

[43]　梁伟刚. 多措并举构建新型矿地关系[J]. 中国土地，2015，（10）：61-62.

[44]　黄翌，汪云甲，李效顺，等. 压煤村庄搬迁的理论分析与绩效评价[J]. 中国煤炭，2013，39（5）：5-10.

[45]　白中科，朱荫湄. 试论矿区生态重建[J]. 自然资源学报，1999，14（1）：35-41.

[46]　卞正富. 我国煤矿区土地复垦与生态重建研究[J]. 资源产业，2005，7（2）：18-24.

[47]　Zhou J，Wang L. Comprehensive study on ecological restoration and land exploitation of mining subsidence in suburbs of Chinese mining cities[J]. Journal of Coal Society Technology，2014，1（2）：248-252.

[48]　韩武波，殷海善，白中科. 露天矿用地演化特征与租地制度探索[J]. 中国土地科学，2012，26（11）：86-90.

[49]　耿海清，陈帆，赵玲，等. 市矿统筹的制约因素及发展对策[J]. 中国煤炭，2012，38（7）：9-14.

[50]　陈小芳，邓福康. 探索宿州市城矿乡一体化发展的新模式[J]. 赤峰学院学报（自然科学版），2014，30（17）：39-41.

[51]　成金华，朱蓓. 矿产资源规划理论的形成和发展[J]. 中国人口·资源与环境，2001，（4）：43-45.

[52]　骆云中，许坚，谢德体. 我国现行矿业用地制度存在的问题及其对策[J]. 资源科学，2004，（3）：116-122.

[53]　王来峰，陈兴荣，洪水峰. 中国土地与矿产资源规划制度比较研究[J]. 中国矿业，2007，（3）：18-20.

[54]　杨锋. 矿业城市土地利用优化配置研究[D]. 北京：中国地质大学，2011.

[55]　汪民. 以矿产资源可持续利用促进生态文明建设[J]. 中国科学院院刊，2013，（2）：226-231.

[56]　Hilson G. An overview of land use conflicts in mining communities[J]. Land Use Policy，2002，（19）：65-73.

[57]　Delang C O，Toro M，Charlet P M. Coffee，mines and dams：Conflicts over land in the Bolaven Plateau，southern Lao PDR[J]. The Geographical Journal，2013，179（2）：150-164.

[58]　Wawryk A. Conservation and access to land for mining in south Austyalia's Arkaroola wilderness sanctuary[J]. Journal of Environmental Law，2014，（26）：291-317.

[59]　Johnsen K I. Land-use conflicts between reindeer husbandry and mineral extraction in Finnmark，Norway：contested rationalities and the politics of belonging[J]. Polar Geography，2016，39（1）：58-79.

[60]　Leonard L. Minning and/or tourism development for job creation and sustainability in Dullstroom，Mpumalanga[J]. Local Economy，2016，31（1-2）：249-263.

[61]　Popović V，Miljković J Z，Subić J，et al. Sustainable land management in mining areas in Serbia

and Romania[J]. Sustainability，2015，（7）：11857-11877.

[62] Barkemeyer R，Stringer L C，Hollins J A，et al. Corporate reporting on solutions to wicked problems：sustainable land management in the mining sector[J]. Environmental Science & Policy，2015（48）：196-209.

[63] Craynon J R，Sarver E A，Ripepi N S，et al. A GIS-based methodology for identifying sustainability conflict areas in mine design——A case study from a surface coal mine in the USA[J]. International Journal of Mining，Reclamation and Environment，2015：1-12.

[64] Sandstrom P，Pahlen T G，Edenius L，et al. Conflict resolution by participatory management：remote sensing and gis as tools for communicating land-use needs for reindeer herding in northern Sweden[J]. Royal Swedish Academy of Sciences，2003，32（8）：557-567.

[65] Doole G J，White B. Optimal dynamic regulation of the environmental impact of mining across diverse land types[J]. New Zealand Economic Papers，2013，47（3）：304-323.

[66] Hartje V. US-German Experience with funding post mining restoration[C]. Xuzhou：2015 Sino-German Symposium Notice "Innovative Planning Methods and Instruments for Post Mining Regions-Key Factors for Sustainable Development"，2015.

[67] 刘云刚. 大庆资源型产业结构转型对策研究[J]. 经济地理，2000，（5）：26-29.

[68] 张米尔. 西部资源型城市的产业转型研究[J]. 中国软科学，2001，（8）：102-105.

[69] 姚毓春，宋笑扬，牟大鹏，等. 资源型城市发展接续产业的分类模式及对策[J]. 经济与管理研究，2005，（11）：54-59.

[70] 曹兰芳. 我国资源型城市发展战略分析[J]. 中国林业经济，2007，（1）：14-16.

[71] 张军红，徐长玉. 陕西资源型城市新经济增长点的选择与培育研究——以延安市为例[J]. 延安大学学报（社会科学版），2011，33（4）：67-71.

[72] 董锁成，李泽红，李斌，等. 中国资源型城市经济转型问题与战略探索[J]. 中国人口·资源与环境，2007，17（5）：12-17.

[73] 张团结，王志宏，从少平. 基于产业契合度的资源型城市产业转型效果评价模型研究[J]. 资源与产业，2008，10（1）：1-3.

[74] 吴雨霏. 浅谈我国资源型城市转型以及三种转型模式[J]. 中国矿业，2010，19（S1）：24-28.

[75] 樊涛. 转型期资源型城市空间结构重构研究[D]. 西安：西北大学，2011.

[76] 霍海鹰，李雅洁，侯玮，等. 新型城镇化视角下资源型城市转型途径的创新研究[J]. 煤炭工程，2015，（3）：109-111.

[77] 李汝资，宋玉祥，李雨停，等. 吉林省资源型城市转型阶段识别及其特征成因分析[J]. 地理科学，2016，（1）：90-98.

[78] 雷蕾. 资源枯竭型城市转型模式研究——以"白银模式"为例[J]. 甘肃联合大学学报（社会科学版），2011，27（6）：59-63.

[79] 曹建忠，汪海凤. 基于坏产出动态 SBM 共同边界模型的资源型城市转型效率研究[J]. 软科学，2016，30（2）：117-120.

[80] Innis H A. Problems of Staple Production in Canada Toronto[M]. Toronto：Ryerson Press，1933.

[81] Lucas R A. Minetown，Milltown，Railtown：Life in Canadian Communities of Single Industry [M]. Toronto：University of Toronto Press，1971.

[82] Bradbury J H，St-Martin I. Winding down in a Quebec Mining Town：A case study of Schefferville[J].

The Canadian Geographer, 1983, 27 (2): 128-144.

[83] Bradbury J H. The impact of industrial cycles in the mining sector: The case of the Quebec-Labrador Region in Canada[J]. International Journal of Urban and Regional Research, 1984, 8 (3): 311-331.

[84] Newton P R. Settlement options: Avoiding local government with fly-in fly-out[A]//Parker P. Resource Development and Local Government: Policies for Growth, Decline and Diversity[C]. Canberra: AGPS Press, 1987: 72-81.

[85] O'Faircheallaigh C. Economic base and employment structure in northern territory mining towns [A]//Brealey C T, Neil N P. Resource Communities: Settlement and Workforce Issues [C]. Melbourne: CSIRO, 1988: 41-63.

[86] Marsh B. Continuity and decline in the anthracite towns of Pennsylvania[J]. Annals of the Association of American Geographers, 1987, 77 (3): 337-352.

[87] Bottge R. Company towns versus company camps in developing Alaska's Mineral Resource[R]. Technical Report Archive & Image Library, 1986.

[88] Parker P. Queensland coal towns: Infrastructure policy, cost and tax[R]. Canberra: Australian National University, Centre for Resource and Environmental Studies, 1986.

[89] Houghton D S. Long-distance commuting: A new approach to mining in Australia[J]. The Geographical Journal, 1993, 159 (3): 281-290.

[90] Ross D, Usher P. From the Roots up: Economic Development As If Community Mattered [M]. Toronto: James Lorimer & Company, 1986.

[91] Slocombe D S. Resources, people and places: Resource and environmental geography in Canada 1996-2000[J]. The Canadian Geographer, 2000, 44 (1): 56-66.

[92] Litvinenko T V. Socioecological consequences of the transformation of natural resource utilization in Russia's eastern part in the post-soviet period[J]. Regional Research of Russia, 2012, 2 (4): 273-284.

[93] Grace J. Building entrepreneurial culture in a 'company town': Innovative initiatives in the Illawarra[J]//Kinnear S, Charters K, Vitartas P. Regional advantage and innovation[M]. Heidelberg: Physica-Verlag, 2013: 319-337.

[94] Miklavcic V. Mercury in the town of Idrija (Slovenia) after 500 years of mining and smelting[J]. Mercury Contaminated Sites, 1999: 259-269.

[95] Gele T, Wang Z. Industrial transformation and low-carbon development of resource-based cities: Taking Ordos city as an example[J]. Studies in Sociology of Science, 2016, 6 (6): 160-174.

[96] Randall J E, Ironside R G. Communities on the edge: An economic geography of resource-dependent communities in Canada[J]. The Canadian Geographer, 1996, 40 (1): 17-35.

[97] Markey S, Halseth G, Manson D. The struggle to compete: From comparative to competitive advantage in Northern British Columbia[J]. International Planning Studies, 2006, 11 (1): 19-39.

[98] Britton J N H. Canada and the Global Economy: The Geography of Structural and Technological Change[M]. Montreal: McGill-Queens University, 1996.

[99] Kong Y, Yang D. Industrial transformation method of resource-based cities in China [J]. Resource

Development & Market，2014，（3）：21-29.

[100] Tanya B，Hayter R，Barnes T J. Resource town restructuring，youth and changing labour market expectations：The case of grade 12 students in Powell River BC[J]. BC Studies 2003（103）：75-103.

[101] Sorensen T，Epps R. The role of tourism in the economic transformation of the central west Queensland economy[J]. Australian Geographer，2003，34（1）：73-89.

[102] 沈镭，程静. 论矿业城市经济发展中的优势转换战略[J]. 经济地理，1998，（2）：41-45.

[103] 马传栋. 我国煤炭城市的可持续发展[J]. 中国工业经济，1999，（2）：48-51.

[104] Collados C，Duane T P. Natural capital and quality of life：A model for evaluating the sustainability of alternative regional development paths[J]. Ecological Economics，1999，30（3）：441-460.

[105] Henderson V. Urban primacy，external costs，and quality of life[J]. Resource and Energy Economics，2002，24（1-2）：95-106.

[106] Hardoy J E，Satterthwaite D. Environmental problems of third world cities：A global issue ignored? [J]. Public Administration & Development，2010，11（4）：341-361.

[107] Simon D，Birch S L. Formalizing the informal sector in a changing South Africa：Small-scale manufacturing on the Witwatersrand[J]. World Development，1992，20（7）：1029-1045.

[108] Brown L R，Jacobson J L. The Future of Urbanization：Facing the Ecological and Economic Constraints[J]. Worldwatch Paper 77. 1987.

[109] Priemus H. Sustainable cities: How to realize an ecological breakthrough: A dutch approach[J]. International Planning Studies，1999，4（2）：213-236.

[110] 贺艳. 关于资源性的可持续发展与再城市化问题[J]. 中国人口·资源与环境，2000，10（3）：54-56.

[111] 张军涛. 从代际公平的角度研究资源型城市的可持续发展[J]. 资源·产业，2001，（4）：27-28.

[112] 朱明峰，冯少茹，潘国林. 资源型城市可持续发展与生态城市建设[J]. 合肥工业大学学报（自然科学版），2005，28（2）：155-158.

[113] 谷庆宝，侯德义，伍斌，等. 污染场地绿色可持续修复理念、工程实践及对我国的启示[J]. 环境工程学报，2015，（8）：4061-4068.

[114] 李咏梅. 资源型城市的环境保护与可持续发展[J]. 生产力研究，2006，（6）：125-127.

[115] 王贺，赵宝吉，孔伟一. 煤炭资源型城市生态环境保护与可持续发展对策探讨[J]. 黑龙江环境通报，2011，35（1）：1-3.

[116] 陈云峰，孙殿义，陆根法. 资源型城市创建生态市的和谐模式研究[J]. 生态学报，2006，26（5）：1605-1615.

[117] 郭海涛，于琳琳，李经涛. 我国资源型城市效率的 DEA 方法评价[J]. 中国矿业，2007，16（7）：5-9.

[118] 刘剑平，陈松岭，易龙生. 资源型城市可持续发展指标体系的重塑[J]. 水土保持通报，2007，27（5）：79-82.

[119] 傅利平，王中亚. 基于 TOPSIS 法的资源型城市可持续发展水平实证研究[J]. 西安电子科技大学学报（社会科学版），2010，20（5）：1-5.

[120] 韩静，宋雅晴，杨力. 基于聚类分析的资源型城市可持续发展评价[J]. 统计与决策，2011，（20）：76-78.

[121] 屈小娥，李国平. 陕北煤炭资源开发中的环境价值损失评估研究——基于 CVM 的问卷调查与分析[J]. 干旱区资源与环境，2012，26（4）：73-80.

[122] 金丹，卞正富. 基于能值的生态足迹模型及其在资源型城市的应用[J]. 生态学报，2010，30（7）：1725-1733.

[123] 陈小芳，邓福康. 探索宿州市城矿乡一体化发展的新模式[J]. 赤峰学院学报（自然科学版），2014，（17）：39-41.

[124] 方磊，杨正东，王刚，等. 基于生态足迹法的煤炭型城市可持续发展研究——以河南义马市为例[J]. 安全与环境学报，2015，15（5）：358-361.

[125] 臧淑英，倪宏伟，李艳红. 资源型城市土地利用变化与湿地生态安全响应——以黑龙江省大庆市为例[J]. 地理科学进展，2004，23（5）：33-42.

[126] 李龙. 资源型城市土地资源与矿产资源冲突问题分析[J]. 工业技术经济，2007，26（5）：107-113.

[127] 韦仕川，冯科，邢云峰，等. 资源型城市土地利用变化及生态安全数字模拟[J]. 农业工程学报，2008，24（9）：64-68.

[128] 类淑霞，郝晋珉，杨立，等. 煤炭型城市土地生态环境及资源承载力定量研究——基于土地利用总体规划视角[J]. 国土资源情报，2010，（11）：49-53.

[129] 张旺锋，苏珍贞，解雯娟. 基于生态足迹的资源型城市土地利用低碳模式的探求[J]. 生态经济，2010，（1）：73-76.

[130] 王孟洲，鲁迪，马晴. 煤炭资源型城市土地生态安全测度评价——以平顶山市为例[J]. 生态经济，2011，（6）：143-155.

[131] 刘忠选，刘力祥. 资源型城市土地复垦的途径——黑龙江省七台河市土地复垦的调查[J]. 中国水土保持，1997，（1）：47-48.

[132] 李瑞霞，蔡克光，王山河. 资源型城市边缘区重点镇规划探析——以河南省鹤壁市庞村镇总体规划为例[J]. 小城镇建设，2004，（12）：11-13.

[133] 王山河，陈烈，蔡克光，等. 资源型城市边缘区小城镇规划战略研究——以河南省鹤壁市庞村镇为例[J]. 规划师，2007，23（12）：89-91.

[134] 钟纪刚. 山地资源型城市空间发展战略——关于攀枝花城市规划建设发展的思考[J]. 规划师，2006，22（4）：15-16.

[135] 罗天勇. 贵州城市布局及城市群研究[J]. 贵州社会科学，2012，265（1）：71-75.

[136] 武雄，汪小刚，段庆伟，等. 大型水库库区下压煤开采研究[J]. 煤炭学报，2007，32（12）：1273-1276.

[137] 赵艳玲，胡振琪，陈峰，等. 压煤村庄搬迁与"挂钩流转"政策相结合时的问题及对策研究——以兖州市为例[J]. 中国土地科学，2007，21（4）：60-64.

[138] 孔瑜，杨大光. 中国资源型城市产业转型的模式选择[J]. 资源开发与市场，2014，30（1）：85-89.

[139] 杨显明，焦华富. 不同发展阶段煤炭资源型城市空间结构演化的对比研究[J]. 自然资源学报，2015，28（9）：92-104.

[140] 刘耀彬，吴学平，傅春. 中国煤炭城市分类及其经济运行轨迹分析[J]. 资源科学，2007，

29（3）：2-7.

[141] 王青云. 资源型城市经济转型研究[M]. 北京：中国经济出版社，2003.

[142] 樊杰. 我国煤矿城市产业结构转换问题研究[J]. 地理学报，1993，48（3）：218-225.

[143] 张以诚. 我国矿业城市现状和可持续发展对策[J]. 中国矿业大学学报（社会科学版），1999，（1）：75-80.

[144] 李文彦. 煤矿城市的工业发展与城市规划问题[J]. 地理学报，1978，33（1）：63-77.

[145] 马清裕. 论工矿区城镇的发展与布局[M]. 北京：科学出版社，1986.

[146] 田明，樊杰，孙威. 我国煤炭城市转型发展研究[J]. 矿冶，2004，13（1）：10-37.

[147] 李成军. 中国煤矿城市经济转型研究[M]. 北京：中国市场出版社，2005.

[148] 商务印书馆辞书研究中心. 新华词典[M]. 北京：商务印书馆，2001.

[149] 周伟忠. 冲突论[M]. 上海：学林出版社，2002.

[150] 郭朝阳. 冲突管理：寻找矛盾的正面效应[M]. 广东：广东经济出版社，2000.

[151] 徐显国. 冲突管理：有效化解冲突的 10 大智慧[M]. 北京：北京大学出版社，2006.

[152] Robbins S P, Coulter M. 管理学[M]. 9 版. 孙健敏，译. 北京：中国人民大学出版社，2008.

[153] Anderton C H, Cart J R. 冲突经济学原理[M]. 郝明艳，陈波，译. 北京：经济科学出版社，2010.

[154] 赵继伟. 论思想政治教育机理的涵义[J]. 思想教育研究，2009，（2）：21-22.

[155] 夏征农，陈至立. 辞海[M]. 6 版. 上海：上海辞书出版社，2010.

[156] 张建新. 社会机制的涵义及其特征[J]. 人文杂志，1991，（6）：27-29.

[157] 利奥尼德·赫维茨，斯坦利·瑞特. 经济机制设计[M]. 陈昕，编译. 上海：格致出版社，2009.

[158] 宋志英，宋慧颖，刘晟呈. 空间管制区规划探讨[J]. 城市发展研究，2008，（S1）：309-311.

[159] 蔡穗虹. 从空间管制角度谈对"多规合一"工作的思考[J]. 南方建筑，2015，（4）：15-19.

[160] 林坚，许超诣. 土地发展权、空间管制与规划协同[J]. 城市规划，2014，38（1）：26-34.

[161] 李效顺，蒋冬梅，曲福田，等. 边际土地利用与经济增长关系计量研究[J]. 中国人口·资源与环境，2009，19（3）：92-95.

[162] 曲福田，石晓平，马贤磊，等. 农村发展中土地资源保护机制[M]. 北京：科学出版社，2014.

[163] Bertalanffy L.V. General System Theory：Foundations，Development，Applications[M]. 北京：清华大学出版社，1987.

[164] 杰拉尔德·温伯格. 系统化思维导论[M]. 张佐，万起光，董青，译. 北京：清华大学出版社，2003.

[165] 苗东升. 系统科学大学讲稿[M]. 北京：中国人民大学出版社，2007.

[166] 赵杰. 管理系统工程[M]. 北京：科学出版社，2006.

[167] 白列湖. 协同论与管理协同理论[J]. 甘肃社会科学，2007，（5）：228-230.

[168] 哈肯. 协同学引论[M]. 陈式刚，译. 北京：原子能出版社，1984.

[169] 靳景玉，刘朝明. 基于协同理论的城市联盟动力机制[J]. 系统工程，2006，24（10）：15-19.

[170] 张立荣，冷向明. 协同治理与我国公共危机管理模式创新——基于协同理论的视角[J]. 华中师范大学学报：人文社会科学版，2008，47（2）：11-19.

[171] 王万茂. 土地资源管理学[M]. 北京：高等教育出版社，2010.

[172] Barbier E B. The concept of sustainable development[J]. Environmental Conservation，1987，

14（2）：101-110.

[173] Solow R M. An almost practical step toward sustainability[J]. Resources Policy，1993，19（3）：162.

[174] Mitcham C. The concept of sustainable development：Its origins and ambivalence [J]. Technology in Society，1995，17（3）：311-326.

[175] 刘培哲. 可持续发展理论与《中国 21 世纪议程》[J]. 地学前缘，1996，（1）：1-9.

[176] 刘彦随，郑伟元. 中国土地可持续利用论[M]. 北京：科学出版社，2008.

[177] 谢克昌. 中国煤炭清洁高效可持续开发利用战略研究[M]. 北京：科学出版社，2014.

[178] 卞正富，许家林，雷少刚. 论矿山生态建设[J]. 煤炭学报，2007，32（1）：13-19.

[179] 侯湖平，张绍良，闫艳，等. 基于 RS、GIS 的矿区生态景观修复研究——以徐州市城北煤矿区为例[J]. 中国土地科学，2009，23（8）：62-67.

[180] 雷少刚. 荒漠矿区关键环境要素的监测与采动影响规律研究[D]. 徐州：中国矿业大学，2009.

[181] 张慧. 压煤矿区和谐发展机制研究[D]. 北京：中国矿业大学，2012.

[182] 陈明，马嵩. 从避免资源压覆看空间规划的协调——基于东中部煤炭城市调研分析[J]. 城市规划，2014，38（9）：9-14.

[183] 康纪田. 从源头控制矿区土地破坏[J]. 中国矿业，2011，20（6）：60-65.

[184] 李树志. 中国煤炭开采土地破坏及其复垦利用技术[J]. 资源与产业，2000，（7）：8-11.

[185] 茅于轼. 煤炭的真实成本[M]. 北京：煤炭工业出版社，2008.

[186] 刘采英，严国荣. 面向可持续发展的三重煤炭价值与价格理论和实践[J]. 煤炭经济研究，2004，（2）：4-12.

[187] 陈明，马嵩. 从避免资源压覆看空间规划的协调——基于东中部煤炭城市调研分析[J]. 城市规划，2014，38（9）：9-14.

[188] 杨璐，胡振琪，赵艳玲，等. 基本农田保护与煤炭资源开采的协调发展[J]. 中国煤炭，2007，33（9）：16-17.

[189] 许吉黎，焦华富. 成熟期煤炭资源型城市社会空间结构研究——以安徽省淮南市为例[J]. 经济地理，2014，34（1）：61-68.

[190] 贺雪峰. 地权的逻辑 II：地权变革的真相与谬误[M]. 北京：东方出版社出版，2013.

[191] 吴群，李永乐，曹春艳. 财政分权、地方政府偏好与城市土地利用[M]. 北京：科学出版社，2015.

[192] 钱鸣高. 煤炭应实现科学消费——专访中国工程院院士钱鸣高[N]. 中国能源报，2015-11-16.

[193] Nicholes D A. Land and economic growth[J]. American Economic Review，1970，60（2）：332-340.

[194] Hurtt G C，Pacala S W，Moorcroft P R，et al. Projecting the future of the US carbon sink[J]. Proceeding of the national academy of sciences of the United States of America，2002，99（3）：1389-1394.

[195] Zaehle S，Bondeau A，Carter T R，et al. Projected changes in terrestrial carbon storage in Europe under climate and land-use change，1990-2100[J]. Ecosystems，2007，10（3）：380-401.

[196] 张宏斌，贾生华. 土地非农化调控机制分析[J]. 经济研究，2001，（12）：50-54.

[197] 曲福田，冯淑怡. 制度安排、价格机制与农地非农化研究[J]. 经济学：季刊，2004，（4）：229-248.

[198] 谭荣，曲福田. 自然资源合理利用与经济可持续发展[J]. 自然资源学报，2005，20（6）：

797-805.

[199] 姜海，曲福田. 不同发展阶段建设用地扩张对经济增长的贡献与响应[J]. 中国人口·资源与环境，2009，19（1）：70-75.

[200] 叶剑平，马长发，张庆红. 土地要素对中国经济增长贡献分析——基于空间面板模型[J]. 财贸经济，2011，（4）：111-116.

[201] 李鹏，濮励杰. 发达地区建设用地扩张与经济发展相关关系的探究——基于与全国平均水平的比较[J]. 自然资源学报，2012，27（11）：1823-1832.

[202] 方方，刘彦随，龙花楼，等. 中国环渤海地区县域土地适度非农化研究[J]. 自然资源学报，2013，28（6）：889-897.

[203] Wang G，Liu Y，Li Y，et al. Dynamic trends and driving forces of land use intensification of cultivated land in China[J]. Journal of Geographical Sciences，2015，25（1）：45-57.

[204] Kraft J，Kraft A. Relationship between Energy and GNP[J]. Journal of Energy Finance & Development，1978，3（2）：401-403.

[205] Yu E S H，Jin J C. Cointegration tests of energy consumption，income，and employment[J]. Resources & Energy，1992，14（3）：259-266.

[206] Masih A M M，Masih R. On the temporal causal relationship between energy consumption，real income and prices：Some new evidence from Asian-Energy dependent NICs based on multivariate cointegration/vector error-correction approach[J] Journal of Policy Modeling，1997，19（4）：417-440.

[207] John A A. The relationship between energy consumption，energy prices and economic growth：Time series evidence from Asian developing countries[J]. Energy Economics，2000，22（6）：615-625.

[208] Yoo S H. Causal relationship between coal consumption and economic growth in Korea[J]. Applied Energy，2006，83（11）：1181-1189.

[209] Tsani S Z. Energy consumption and economic growth：A causality analysis for Greece[J]. Energy Economics，2010，32（3）：582-590.

[210] Gurgul H，Lach L. The role of coal consumption in the economic growth of the Polish economy in transition[J]. Energy Policy，2011，39（4）：2088-2099.

[211] Hamit-Haggar M. Greenhouse gas emissions，energy consumption and economic growth：A panel cointegration analysis from Canadian industrial sector perspective[J]. Energy Economics，2012，34（1）：358-364.

[212] Lakhno Y V. Russian coal industry：Threats and possibilities[J]. Studies on Russian Economic Development，2015，26（5）：476-482.

[213] 任少飞，冯华. 中国经济增长与煤炭消费结构的关系[J]. 财经科学，2006，（12）：108-114.

[214] 赵进文，范继涛. 经济增长与能源消费内在依从关系的实证研究[J]. 经济研究，2007，（8）：31-42.

[215] 张兴平，赵旭，顾蕊. 我国煤炭消费与经济增长关系的多变量协整分析[J]. 煤炭学报，2008，33（6）：713-716.

[216] 李晓嘉，刘鹏. 中国经济增长与能源消费关系的实证研究[J]. 软科学，2009，23（8）：61-64.

[217] 谢和平，刘虹，吴刚. 经济对煤炭的依赖与煤炭对经济的贡献分析[J]. 中国矿业大学学报（社

会科学版），2012，14（3）：1-6.

[218] 张慧敏，魏强，佟连军. 吉林省产业发展与能源实证研究[J]. 地理学报，2013，6（12）：1678-1688.

[219] 车亮亮，韩雪，赵良仕，等. 中国煤炭利用效率评价及与经济增长脱钩分析[J]. 中国人口·资源与环境，2015，25（3）：104-110.

[220] 谭荣，曲福田. 中国农地非农化与农地资源保护：从两难到双赢[J]. 管理世界，2006，（12）：50-59.

[221] 李效顺，曲福田，陨文聚. 中国建设用地增量时空配置分析——基于耕地资源损失计量反演下的考察[J]. 中国农村经济，2009，（4）：4-16.

[222] 刘珂. 国土资源对产业经济发展的支撑作用研究[D]. 北京：中国地质大学，2010.

[223] Wolde-Rufael Y. Coal consumption and economic growth revisited[J]. Applied Energy，2010，87（1）：160-167.

[224] 孟岩，张屹山. 基于变参数模型的中国煤炭消费与经济增长关系研究[J]. 吉林师范大学学报（人文社会科学版），2007，35（6）：67-69.

[225] 李世祥，刘江宜，张莉，等. 煤炭消费、碳排放与区域经济绩效——基于 13 个煤炭消费大省的实证研究[J]. 资源科学，2013，35（8）：1625-1634.

[226] 张劲文，葛新权. 中国经济增长与能源消费依从关系——基于 1978-2010 年数据的实证研究[J]. 首都经济贸易大学学报，2012，14（4）：14-23.

[227] 张炎涛，李伟. 中国煤炭消费和经济增长的因果关系研究[J]. 资源与产业，2007，32（11）：89-92.

[228] 张兆响，廖先玲，王晓松. 中国煤炭消费与经济增长的变结构协整分析[J]. 资源科学，2008，30（9）：1282-1289.

[229] 张洪潮，王泽江，李晓利，等. 中国煤炭消费需求波动规律及成因分析[J]. 中国人口·资源与环境，2014，24（1）：94-101.

[230] 俞天贵，邓文平. 基于 ARIMA 模型的中国煤炭消费量增长预测[J]. 统计与决策，2008，（24）：89-91.

[231] 杨世杰，龙丹，周庆标. 基于 CEPSO-LSSVM 的煤炭消费量预测模型[J]. 计算机工程与应用，2013，（18）：108-111.

[232] 吕明. 中国煤炭消费预测模型研究与应用[D]. 北京：北京交通大学，2008.

[233] 邓江波. 德国的能源战略及煤炭产业的基本走势[J]. 江苏煤炭，2004，（1）：89-90.

[234] 李宏军，张艳，吴金焱，等. 德国煤炭工业现状[J]. 中国煤炭，2010，36（2）：123-126.

[235] 陈新国，肖新新. 煤炭产量与经济增长——基于山西面板数据协整模型的实证分析[J]. 科技和产业，2011，11（4）：1-5.

[236] 卞正富. 我国煤矿区土地复垦与生态重建研究[J]. 资源与产业，2005，7（2）：18-24.

[237] 谭术魁，张路. 基于系统动力学的区域耕地压力指数研究[J]. 自然资源学报，2012，27（5）：757-765.

[238] 刘澄，高鑫，刘祥东，等. 基于系统动力学的京津冀区域土地综合承载力评价[J]. 中国管理信息化，2015，（3）：146-151.

[239] 封志明. 土地承载力研究的过去，现在与未来[J]. 中国土地科学，1994，（3）：1-9.

[240] Malthus T R. An essay on the principle of population[J]. General Information，1973，41（1）：

114-115.

[241] Vogt W. Road to survival[J]. Population，1949，（4）：375-376.

[242] Alan W. The African Husbandman[M]. New York：Greenwood Press，1965.

[243] 陈国先，徐邓耀，李明东. 土地资源承载力的概念与计算[J]. 西华师范大学学报（自然科学版），1996，（2）：66-70.

[244] 封志明. 农业生态区域法在土地承载力研究中的应用//石玉林. 中国土地资源的人口承载能力研究[M]. 北京：中国科学技术出版社，1992.

[245] Hardin G. Cultural carrying capacity：A biological approach to human problems[J]. Focus，1992，2（9）：599-606.

[246] Wackernagel M，Onisto L，Bello P，et al. National natural capital accounting with the ecological footprint concept[J]. Ecological Economics，1999，29（3）：375-390.

[247] Arrow K，Bolin B，Costanza R，et al. Economic growth，carrying capacity，and the environment[J]. Science，1995，（268）：520-521.

[248] 张传国，方创琳，全华. 干旱区绿洲承载力研究的全新审视与展望[J]. 资源科学，2002，24（2）：42-48.

[249] 陈百明.“中国土地资源生产能力及人口承载量研究”开始进行[J]. 自然资源学报，1987，2（1）：96-96.

[250] 周兆德. 海南岛水稻气候生产潜力和人口承载量的估算[J]. 自然资源学报，1989，4（1）：46-53.

[251] 张晶. 基于人粮关系的中国土地承载力的时空演变格局和未来情景分析[D]. 北京：中国科学院地理科学与资源研究所，2007.

[252] 郝汉舟，汪华. 基于人粮关系的咸宁市土地承载力研究[J]. 江西农业学报，2014，（9）：111-115.

[253] 宋耀辉，马惠兰. 区域土地人口承载力研究——以塔吉克斯坦为例[J]. 世界农业，2013，（10）：80-85.

[254] 申元村. 土地人口承载能力研究理论与方法探讨[J]. 资源科学，1990，（1）：21-26.

[255] Cohen J E. How many people can the earth support?[J]. New York Review，1998，35（6）：18-23.

[256] Ayres R U. Commentary on the utility of the ecological footprint concept [J]. Ecological Economics，2000，32（3）：347-349.

[257] 汤同红. 基于 3S 技术和 AHP 的贵阳市土地综合承载力研究[J]. 长江流域资源与环境，2007，16（22）：158-163.

[258] Bastianoni S，Niccolucci V，Pulselli R M，et al. Indicator and indicandum：“Sustainable way” vs “prevailing conditions” in the Ecological Footprint[J]. Ecological Indicators，2012，（16）：47-50.

[259] Aall C，Norland I T. The use of the ecological footprint om local politics and administration：Results and implications from Norway[J]. Local Environment，2005，（10）：159-172.

[260] Galli A，Kitzes J，Niccolucci V，et al. Assessing the global environmental consequences of economic growth through the ecological footprint：A focus on China and India[J]. Ecological Indicators，2012，（17）：99-107.

[261] 祝秀芝，李宪文，贾克敬，等. 上海市土地综合承载力的系统动力学研究[J]. 中国土地科

学，2014，（2）：90-96.

[262] 周妍，周伟，白中科. 矿产资源开采土地损毁及复垦潜力分析[J]. 资源与产业，2013，15（5）：100-107.

[263] 周杨慧，朱红梅，张玉平，等. 区域土地综合承载力个案分析：以长沙市为例——基于系统动力学视角[J]. 湖南农业大学学报（社会科学版），2011，12（3）：23-28.

[264] 中华人民共和国国土资源部. 国家粮食安全需求中长期规划纲要（2008—2020 年）[Z]. 2008-11-13.

[265] 乌海市人民政府. 乌海市人民政府关于整顿煤炭市场的意见（乌海政发〔2009〕40 号）[Z]. 2009-7-16.

[266] 董通生. 压覆矿产资源涉及的矿业权评估方法与参数研究[D]. 昆明：云南大学，2011.

[267] 秦子弦. 建设项目线性压覆矿产资源的补偿研究[D]. 北京：中国地质大学，2014.

[268] 肖文俊，刘建龙，杨玉琼，等. 建设项目规划中压覆矿产资源问题研究[J]. 价值工程，2014（1）：78-79.

[269] 甄莎，高伟明. 新建项目压覆煤炭资源行政管理问题研究[J]. 中国国土资源经济，2015，28（4）：24-27.

[270] 姬宗皓，张丰，李爱军，等. 济宁中心城区建设用地规划与煤炭资源压覆可持续发展研究[J]. 山东国土资源，2015，31（8）：75-77.

[271] Brueckner J K. Strategic interaction among governments：An overview of empirical studies[J]. International Regional Science Review，2003（26）：175-188.

[272] 蔡运龙，汪涌，李玉平. 中国耕地供需变化规律研究[J]. 中国土地科学，2009，23（3）：11-18.

[273] 常进雄. 土地能否换回失地农民的保障[J]. 中国农村经济，2004，5（3）：5-8.

[274] 郝晋珉，任浩. 土地征用制度中农民权益损害的分析[J]. 公共管理学报，2004，1（2）：25-31.

[275] 李效顺，郭忠兴，潘元庆，等. 耕地征用区片补偿的综合价格量化研究[J]. 资源科学，2007，29（5）：150-156.

[276] 李效顺，曲福田，李明艳. 中国城市拓展的理论命题与空间计量——以南京市区为例[C]// 中国公共经济学论坛暨公共经济与管理国际研讨会"优秀论文". 厦门：厦门大学，2009：573-584.

[277] 曲福田，石晓平. 城市国有土地市场化配置的制度非均衡解释[J]. 管理世界，2002，（6）：46-53.

[278] 李效顺，曲福田，张绍良，等. 我国城市牺牲性、损耗性蔓延假说及其验证——以徐州市为例[J]. 自然资源学报，2011，26（12）：2012-2024.

[279] Jiang D，Li X，Qu F，et al. Driving mechanism and boundary control of urban sprawl[J]. Frontiers of Environmental Science，2015，9（2）：298-309.

[280] 陆大道. 中国近十年来城镇化的冒进态势[R]. 北京：北京大学林肯土地政策研究中心，2008.

[281] 李效顺，曲福田，张绍良，等. 基于国际比较与策略选择的中国城市蔓延治理[J]. 农业工程学报，2011，27（10）：1-10.

[282] 徐跃通，蒋红花，张邦花，等. 新泰市采煤塌陷区生态复垦用地的结构设计[J]. 山东师范

大学学报（自然科学版），2004，19（4）：46-49.

[283] 田颖，赵翠薇. 基于使用者成本法的煤炭资源价值损耗研究[J]. 贵州师范大学学报（自然科学版），2013，31（4）：4-8.

[284] 李丽英，刘勇. 我国东南部煤矿区生态补偿标准的测算方法[J]. 煤炭科学技术，2010，38（4）：111-114.

[285] 华伟，鲍瑞. 应用实物期权法评估煤炭资源价值[J]. 陕西煤炭，2012，31（3）：86-88.

[286] Steven C B，Martin H，Donato S，et al. Land leverage and house prices[J]. Regional Science and Urban Economics，2011，41（2）：134-144.

[287] 卫新东，王筛妮，兰海. 无地价样点或样点数量不足情况下基准地价评估方法研究[J]. 安徽农业科学，2011，39（22）：13694-13695.

[288] 李俊辉，李朝奎，薛智慧. 基于 ArcGIS 的克里金插值方法及其应用[J]. 测绘通报，2013，（9）：87-90.

[289] 徐爱萍，胡力，舒红. 空间克里金插值的时空扩展与实现[J]. 计算机应用，2011，31（1）：273-276.

[290] 王令超，杨欣，宋艳华. 基准地价评估中异常样点剔除方法研究[J]. 地域研究与开发，2012，31（5）：103-106.

[291] Cheng L，Lou S，Liu L，et al. Technology system and method of spatial structure optimization for mining wasteland reuse[J]. Transactions of the Chinese Society of Agricultural Engineering. 2013，29（7）：207-218.

[292] 黄国良，李强. 煤炭科学产能成本问题研究[J]. 中国煤炭，2013，39（11）：5-10.

附 录 1

煤炭城市地-矿冲突调查问卷

您好。我们是中国矿业大学土地资源管理专业的研究生。为深入了解矿区周边地区受矿产资源开采的正、负面影响情况，开展城市建设与资源压覆冲突研究，现对城市和矿区周边居民进行访问与调研。调查的数据仅作为研究之用，最后公布的只是调研综合后的统计数据，有关个人的调查数据将不会被公布，希望您能如实填写，谢谢您的合作。

众所周知，矿产开采能对当地经济发展、大气环境、社会文化等多方面产生正面和负面的影响。而当前很难找到科学的计量方法准确判断这种影响的定量额度，因此为了充分了解实情，进行准确的价值判断和定量分析，我们作此调查。

调户基本信息：

年龄		文化程度		单位	
性别		工作时间		职务	

一、经济发展

1. 据您了解，当地矿产资源开发是否带动当地经济发展？（是；否）

    若是，请问表现在哪些方面？

    A 居民收入　　　　B 基础建设　　　　　C 生活水平　　　　D 其他_____

2. 您认为城市建设和矿产开采哪个更能有效促进当地经济的发展？

    A 城市建设　　　　B 矿产开采　　　　　C 都一样　　　　　D 不清楚

3. 据您所知，矿区工人平均工资比济宁市里工人平均工资高还是低？（高；低）

    如果是高，高_____；如果是低，低_____

    A 1000 元/月以下　B 1000～2000 元/月　C 2000～4000 元/月　D 4000 元/月以上

4. 您认为矿区单位福利比济宁市里单位福利高还是低？（高；低）

    如果是高，高_____；如果是低，低_____

    A 1000 元/月以下　B 1000～2000 元/月　　C 2000～4000 元/月　D 4000 元/月以上

5. 您认为矿区非工资收入比济宁市里非工资收入高还是低？（高；低）

    如果是高，高_____；如果是低，低_____

    A 1000 元/月以下　B 1000～2000 元/月　　C 2000～4000 元/月　D 4000 元/月以上

二、生态环境

1. 您认为矿区的空气质量好还是济宁市里的空气质量好？

　　A 当地　　　　　　B 济宁市里　　　　　C 基本一样　　　　　D 不清楚

　　如果您觉得矿区不好，如果治理空气您愿意出多少钱？_____。

　　A 100 元/年以下　B 100～200 元/年　　C 200～400 元/年　　D 400 元/年以上

2. 请问您，下列气体哪些是矿产资源开采产生的有毒气体？

　　A 瓦斯　　　　　　B 二氧化氮　　　　　C 一氧化碳　　　　　D 氨气

　　E 二氧化硫　　　　F 硫化氢

　　请问，以上气体，哪些严重破坏了当地环境？

　　A 瓦斯　　　　　　B 二氧化氮　　　　　C 一氧化碳　　　　　D 氨气

　　E 二氧化硫　　　　F 硫化氢

3. 矿产开采是否致使矿区地表下沉，并造成经济损失？

　　A 是（矿产开采致使矿区地表下沉）

　　B 否（矿产开采拉动了济宁市及矿区经济发展）

　　如果您回答是，请问给当地造成的损失是：

　　A 损失耕地_____亩/年　　　　　　B 其他损失_____

4. 您认为矿区是否应该进行土地复垦或整理？

　　A 是　　　　　　　B 不用

　　如果您回答是，请问要复垦的面积大概是多少？

　　A 100 亩/年以下　B 100～200 亩/年　　C 200～400 亩/年　　D 400 亩/年以上

5. 据您了解，矿产开采对矿区水质、土壤有什么影响？

　　A 没有影响　　　　B 污染较小　　　　　C 污染较大　　　　　D 不清楚

6. 您觉得矿区环境污染严重还是济宁市里环境污染严重？

　　A 矿区　　　　　　B 济宁市里　　　　　C 基本相同　　　　　D 不清楚

三、社会文化

1. 您愿意居住在矿区周边还是济宁市市区里？

　　A 矿区周边　　　　B 济宁市的小区　　　C 其他地方

2. 矿产资源开采是否致使矿区房屋受损，并造成经济损失？

　　A 是　　　　　　　B 没有

　　1）如果您回答是，请问给矿区造成的损失大概是多少？_____元/年；

　　2）您觉得居住在这种受损的房屋里是否有精神压力？

　　A 有　　　　　　　B 没有　　　　　　　C 不知道

3. 您是否担心矿区学校教育质量的平均水平不如济宁市里学校的教育质量？

　　A 是　　　　　　　B 没有　　　　　　　C 基本一样　　　　　D 不清楚

4. 您是否觉得矿区应该加大基础设施（学校、锻炼场所等）投资？

    A 是   B 基础设施已经很好   C 无所谓

    如果您回答是，您觉得应该在哪方面投资，大约需_____元/年

5. 您觉得当地的就业机会大还是济宁市里的就业机会大？

    A 当地   B 济宁市里   C 基本相同   D 不清楚

四、综合问题

1. 您是否接受在济宁市规划区下进行矿产资源开采？

    A 接受   B 不能接受   C 无所谓   D 比较矛盾

    请解释原因：

2. 如果目前能全面控制矿产开采造成的影响，但未来影响难以判断，您是否接受在济宁市区进行矿产资源开采？

    A 接受   B 不能接受   C 无所谓   D 比较矛盾

    请解释原因：

3. 您觉得济宁市规划区内应优先发展城市建设还是矿产开采？

    A 城市建设   B 矿产开采   C 都行   D 不清楚

    请解释原因：

4. 开矿是否有不好的影响？

    A 是   B 没有

    若是请您对该地区开矿前后生活质量进行打分。

    开矿前您打多少分，开矿后您打多少分？（满分 100）

附 录 2

乌海市土地承载力系统动力学方程

(1)FINAL TIME=2020

Units:Year

The final time for the simulation.

(2)GDP=INTEG(GDP 增长量,152.4)

Units:亿元

(3)GDP 增长量=万吨煤 GDP*煤炭产量增加量

Units:亿元

(4)INITIAL TIME=2006

Units:Year

The initial time for the simulation.

(5)SAVEPER=TIME STEP

Units:Year [0,?]

The frequency with which output is stored.

(6)TIME STEP=1

Units:Year [0,?]

The time step for the simulation.

(7)万吨煤 GDP=IF THEN ELSE(Time>=2006:AND:Time<=2008,0.118,0.164)

Units:亿元

(8)人口增加量=总人口*平均增长率

Units:人

(9)人均 GDP=GDP/总人口

Units:亿元

(10)人均消费支出([[(2006,0.93)-(2020,4.57)]],(2006,0.93),(2007,1.07),(2008,1.29),(2009,1.5),(2010,1.67),(2011,1.85),(2012,2.09),(2020,4.57))

Units:万元

(11)压占比例=0.046

Units:公顷/万吨

(12)原煤产量=INTEG(煤炭产量增加量,1284.39)

Units:万吨

(13)固定资产投资=GDP*固定资产投资比例

Units:亿元

(14)固定资产投资比例=IF THEN ELSE(Time<=2006,0.37,IF THEN ELSE (Time>2006:AND:Time<=2007,0.48,IF THEN ELSE(Time>2007:AND: Time<=2008,0.52,0.62)))

Units:Dmnl

(15)土地压占量=矸石总量*压占比例

Units:公顷

(16)土地压占面积=INTEG(土地压占量,126)

Units:公顷

(17)土地塌陷率=0.25

Units:公顷/万吨

(18)土地塌陷量=原煤产量*土地塌陷率*0.5

Units:公顷

(19)土地塌陷面积=INTEG(土地塌陷量,4980.44)

Units:公顷

(20)土地挖损率=0.26

Units:公顷/万吨

(21)土地挖损量=原煤产量*土地挖损率*0.5

Units:公顷

(22)土地挖损面积=INTEG(土地挖损量,3471.96)

Units:公顷

(23)土地污染面积=INTEG(污染面积增加量-污染治理面积,210)

Units:公顷

(24)土地生产力承载力=粮食总产量/粮食消费水平

Units:人

(25)土地破坏面积=INTEG(破坏增加量,8516)

Units:公顷

(26)土地综合承载力=0.5*土地生产力承载力+0.5*经济承载力

Units:人

(27)土地综合承载力差=土地综合承载力-总人口

Units:人

(28)复垦量=补充耕地面积*0.612

Units:公顷

(29)宜耕待复垦土地面积=INTEG(-(复垦量+污染面积增加量*重度污染比例),3819.42)

Units:公顷

(30)平均增长率=0.024

Units:Dmnl

(31)总人口=INTEG(人口增加量,470100)

Units:人

(32)投资增长率=IF THEN ELSE(Time<=2008,0.38,IF THEN ELSE(Time>2008:AND:Time<=2010,0.26,IF THEN ELSE(Time>2010:AND:Time<=2013,0.17,0.2)))

Units:Dmnl

(33)播种指数=0.6425

Units:Dmnl

(34)污染比例=0.08

Units:Dmnl

(35)污染治理面积=土地污染面积*0.15

Units:公顷

(36)污染面积增加量=矸石总量*污染比例+粉煤灰总量*污染比例

Units:公顷

(37)煤炭产量增加因子表=([(0,0)-(1,0.98)],(0.17,0.08),(0.36,0.24),(0.5,0.38),(0.7,0.62),(1,0.98))

Units:Dmnl

(38)耕地面积比例=0.05

Units:Dmnl

(39)煤炭产量增加量=原煤产量*煤炭产量增加因子表(投资增长率)

Units:万吨

(40)矸石产生率=0.13

Units:Dmnl

(41)矸石产生量=原煤产量*矸石产生率

Units:万吨

(42)重度污染比例=0.1

Units:Dmnl

(43)矸石利用率=0.5923

Units:Dmnl

(44)矸石利用量=矸石产生量*矸石利用率

Units:万吨

(45)矸石总量=INTEG(矸石产生量-矸石利用量,2700)

Units:万吨

(46)破坏增加量=土地压占量+土地塌陷量+土地挖损量

Units:公顷

(47)粉煤灰产生率=0.11

Units:Dmnl

(48)粉煤灰产生量=原煤产量*粉煤灰产生率

Units:万吨

(49)粉煤灰利用率=0.5129

Units:Dmnl

(50)粉煤灰利用量=粉煤灰产生量*粉煤灰利用率

Units:万吨

(51)粉煤灰总量=INTEG(粉煤灰产生量-粉煤灰利用量,2373)

Units:万吨

(52)粮食供需差=粮食总产量-粮食总需求

Units:吨

(53)粮食单产=([(2006,6.82)-(2020,10.58)],(2006,6.82),(2008,6.96),(2010,6.95),(2012,8.5),(2020,10.58))

Units:吨

(54)耕地面积比例=0.05

Units:Dmnl

(55)粮食总产量=粮食单产(Time)*粮食播种面积

Units:吨

(56)粮食总需求=总人口*粮食消费水平

Units:吨

(57)粮食播种面积=播种指数*耕地面积

Units:公顷

(58)粮食消费水平=0.389

Units:吨

(59)经济承载力=(GDP-固定资产投资)*10^4/人均消费支出(Time)

Units:人

(60)耕地面积=INTEG(补充耕地面积-耕地面积减少量,6600)

Units:公顷

(61)耕地面积减少量=破坏增加量*耕地面积变化因子